逆境を「アイデア」に変える企画術

崖っぷちからV字回復するための40の公式

河西智彦

逆境を「アイデア」に変える企画術
～崖っぷちからV字回復するための40の公式～

序章 「崖っぷち」は、アイデアひとつで逆転できる。

第1章 ひらかたパークの奇跡

第2章 発想力をすぐに伸ばす2つの「意識」

第3章 崖っぷちのWebキャンペーン① ～企画編～

第4章 崖っぷちのWebキャンペーン② ～拡散編～

第5章 ビジネスサイクルを発見して自走させる

第6章　公式集

序章

「崖っぷち」は、アイデアひとつで逆転できる。

売れない商品をなんとかしたい、落ち込んでいるブランドを回復させたい、苦境のレジャー施設や店舗に人を呼びたい、経営状況を好転させたい。……できればお金をかけずに。

そう願う企業の方や経営者は多いはずです。また予算などの制約が多くある中で、自社やクライアントの逆境をなんとかするために自らが苦境に追い込まれている企画者もたくさんいるでしょう。

でも、諦めないでください。**予算がなかったり、いろいろな制約があったり、崖っぷちに追い込まれたときこそ、起死回生のアイデアが生まれやすいからです。**

僕は広告代理店の博報堂でキャンペーンディレクター／クリエイティブディレクター／コピーライター／CMプランナーとして、大規模予算の広告キャンペーンも手がけています。しかし、キャリアを重ねていくうちに、予算やリソースが潤沢ではない仕事や、もう後がないくらい右肩下がりの状態で請け負った仕事のほうが、**なぜかその状況を逆転するアイデアが生まれやすい**ことに気がつきました。さらに、そんな「崖っぷち」の仕事で生まれたアイデアを予算の潤沢な仕事で使ってみると、**さらに大きな成果を残すこともわかった**のです。

そのときは逆境を救うべく無我夢中でしたが、冷静に振り返ってみると、崖っぷちで大きな成果を残し、崖っぷちではない仕事でも大きな成果を生む「**最強のアイデア**」は、逆境でこそ生まれると言えます。

たとえば本書の事例として紹介する「ひらかたパーク」。来園者数が減少して『崖っぷち』にいた関西の小さな老舗遊園地をV字回復させたアイデアは、さまざまな制約を逆手にとって生まれました。この他、「販売終了間近のお菓子が望外の売上げを増やしたアイデア」も、「少子化の影響で苦戦する私立大学の受験者数を過去最高にしたアイデア」も、北九州の遊園地「スペースワールド」で明るすぎる閉園CMをしたアイデアも、『崖っぷち』の苦境や多くの制約がある中、「**アイデアに頼るしかなかった**」からこそ生まれたのです。

そこで、苦境や逆境に陥っている人々や企画者の些細な力になれたらと思い、逆境を「アイデア」に変える企画術を本にしてみようと考えました。

アイデア公式とこの本をお薦めしたい人

この本では、僕が手がけたキャンペーン事例を裏側まで紹介しながら、そこに入っていた考えや、そこから見つけた発想法を40のアイデア公式に落としこんで紹介します。

「人は、目的がふたつあると動く。」「ビジネスサイクル」など、結果を出すためにすぐに使える公式を厳選しました。具体的な事例に沿って紹介することで、抽象的なアドバイスにならないように、そしてわかったつもりにはなるけれど実は使いにくい公式にしないように注意しました。

発想力や企画力は、持って生まれたセンスではない

本書は、いま逆境で苦しんでいる企業や自治体の方や企画者の方はもちろん、アイデア発想や企画立案に自信がない人、発想が得意だと思っているのになかなか周囲に認められない人にもオススメします。

なぜなら、発想力や企画力は生まれ持ったセンスではなく、後天的に伸ばすことができるからです。

僕は入社から7年間、いろいろな企業の広告制作を担当する営業マンとして働いていました。そしてその間、クリエイティブ職として働くための**クリエイティブ適性試験を2回も落第しています。**会社の歴史で初めて、クリエイティブ適性試験を3回受験し、なんとか合格できた人間です。つまり、入社から7年間、僕にはクリエイティブ職に必要な発想力や企画力が備わっていなかったのです。でもそこから、崖っぷちから逆転するアイデアを考えるほど成長したという事実が、**発想力や企画力は誰でも後天的に伸ばすことができる**という証明です。

アイデアで何とかするしかない逆境こそチャンスです。溺れていても諦めない人が掴むものは、藁ではなく最強のアイデアなのです。

本書の狙いとお願い

この本の構成を説明します。

まず、第1章では関西の老舗遊園地「ひらかたパーク」の事例を紹介します。この章でまず制約の中で発想するとはどういうことかを伝えたいと思います。続く第2章では、最強のアイデアを発想したり、アイデア公式をより効果的に使うために重要な「意識」について掘り下げていきます。

そして「意識」を知ってもらったうえで第3・4・5章の更なる事例とアイデア公式を紹介します。最後の第6章では、各章のアイデア公式をまとめました。発想時・企画時にはこの章を読めばよい、という参考書的な章にしています。

また、この本を読むにあたって、4つのお願いがあります。

①　事例を、自分の住んでいる地域の企業や大学に置き換えて読む

この本で紹介する「ひらかたパーク」や「大阪経済大学」を知らない人もいると思います。そんなときに、馴染みのない関西の遊園地の事例、知らない大阪の大学の事例、として読むのではなく、**あなたが住んでいる地域の遊園地や大学でこのような事例があったなら、**と頭の中で置き換えて読んでもらうと、理解がいっそう深まります。

東京の人であれば、東京にある小さな遊園地で「ひらかたパーク」の事例のようなことが起きたならば、と置き換えて読んでください。名古屋に住んでいるならば、愛知県にある中堅大学で「大阪経済大学」のような事例があったならば、と置き換えて読んでみてください。

②　事例や公式は、普遍的な課題を解決する1つの解答例だととらえる

①は読み方のお願いでしたが、この②は事例や公式のとらえ方のお願いです。

世の中にあるアイデア事例はすべて、何らかの普遍的な課題に対するひとつの解答例だ

と考えることができます。たとえば「ひらかたパーク」の事例は、「ひらかたパーク」だけではなく**「人を呼ぶ、という普遍的な課題に対するひとつの解答例」**なのです。

だからこそ、そこから導かれた「人を呼ぶ」公式は同じような課題を抱える他の事例でも効果を発揮します。僕自身、北九州の遊園地「スペースワールド」で「ひらかたパーク」の公式を使って効果を出しています。同様に、「人を呼びたい」ショッピングセンターや百貨店、地方自治体、シャッター商店街、クルマのディーラーでもこれらの公式は威力を発揮するでしょう。

このように、事例は普遍的な課題に対する解答例だ、ととらえてもらうだけで、紹介する公式をもっと自分の武器にすることができます。

③ 応用できそうな「公式」や「意識」だけ取り入れる

この本では、たくさんのアイデア公式や「意識」を紹介します。しかしその中には、理解できるものもあれば、よくわからないものもあるかもしれません。あなたがいま置かれている状況や職種、社会経験によって、どうしても受け取り方も異なるはずです。ぜひ、

「理解できる公式だけを学ぶ」という気楽なスタンスで臨んでみてください。

とはいえ、時間が経ってから読みなおすと、それまでわからなかった公式や「意識」がわかるようになるかもしれません。何度も読みなおしてもらえたらこのうえない幸せです。

④ 多くのアイデアが揃わなければ、逆境を「アイデア」に変えられないわけではない

僕は、手がける仕事に多くのアイデアを詰め込もうとします。それはいつも、どれかひとつでも結果が出れば、という必死の想いでやってきたからです。

しかし、**たったひとつのアイデアで、逆境が好転した例は世の中にたくさんあります。**

この本の事例のように、たくさんのアイデアがないと成功しない、というわけではありません。「ここまでやらないといけないのか……」とは思わないでください。

それでは、最初の事例を紹介していきます。

第1章

ひらかたパークの奇跡

地域密着型の遊園地「ひらパー」

みなさんは「ひらかたパーク」をご存じでしょうか。関西地方での認知率はほぼ100％です。しかし、それ以外の地域に住む人の多くは知らないでしょう。「ひらかたパーク」は東京ディズニーランドやユニバーサル・スタジオ・ジャパン（以下、USJ）のように全国からお客さんを集める巨大アミューズメント施設ではなく、地域の人々をターゲットにした地域密着型の小さな遊園地だからです。

ひらかたパークは、大阪と京都の中間に位置する大阪府枚方市《ひらかた》にあります。経営する親会社は京阪電気鉄道です。愛称は「ひらパー」。僕もここからは愛着をこめて「ひらパー」と呼ばせてもらいます。

「ひらパー」は1912年に開園。なんと2017年で開園から106年目を迎える日本最古の遊園地です。次ページの園内写真を見ていただいてわかるように、本当に牧歌的で、どこか懐かしさを感じる遊園地です。楽しいアトラクションはたくさんあるのですが、もちろん集客

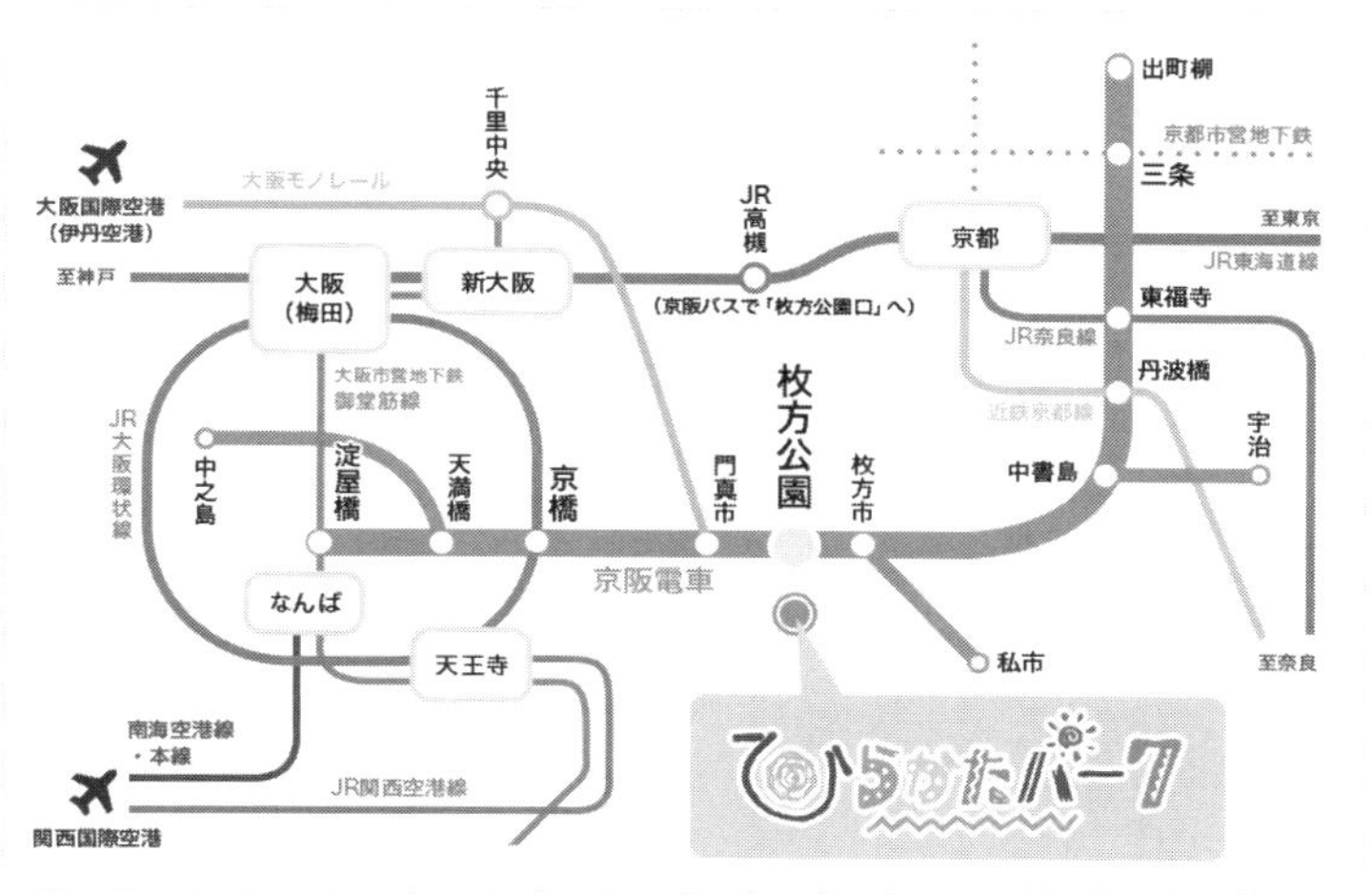

京阪本線・枚方公園駅より徒歩５分ほど　出典：ひらかたパーク公式 HP（hirakatapark.co.jp）

こぢんまりとした園内。家族連れや友人同士のグループが多い

の目玉となるような最新型のアトラクションがあるわけではありません。

このような地域密着型の遊園地は全国各地に点在します。関東で言えば「よみうりランド」や「としまえん」、九州で言えば「スペースワールド」（2017年12月末に閉園）や「グリーンランド」などが近い存在かと思います。序章でも述べたように、この事例を読むにあたっては、あなたが住んでいる地域の小さなアミューズメント施設で起こったこと、と置き換えてもらうとより理解が深まるでしょう。

「ひらパー」の崖っぷち状況と制約とは

はじめに、「ひらパー」の崖っぷち状況と制約についてお話しします。

まずは崖っぷちの状況について。それは年間来園者数の苦戦です。僕が引き継いだときには、お笑いコンビ「ブラックマヨネーズ」の小杉竜一さんを起用した「ひらパー兄さん」という素晴らしい広告キャラクターがいました。しかし、「ひらパー兄さん」も見慣れられてしまい、新しいアトラクションもない「ひらパー」の年間来園者数は、最盛期の160万人から、2010年には103万人、翌年の2011年には87万人まで落ちてしまうなど、減少の一途をたどっていました。

そして制約です。それは、広告予算が潤沢ではないこと。関西の人からすると「CM良く見るしお金あるんちゃうの?」と思うかもしれませんが、関西の中でも、全国的に見ても少ない方です。年間来園者数も減少し、広告予算も少ない。日本中の遊園地が直面している課題に「ひらパー」も直面していました。

初年度の失敗と、そこからの転換

2012年、「ひらパー」が開園100周年を迎えた年に、僕は先輩たちから仕事を受け継ぎ、クリエイティブディレクター・CMプランナー・コピーライターとして、初代「ひらパー兄さん」の広告をつくりました。口から水を出した「パーライオン。」という夏のポスターや、スケートリンクで足がガクガクになっている「生まれたての小杉。」などのポスターもつくりました。これらはSNSでもそれなりに話題となり、大阪の広告団体「大阪コピーライターズ・クラブ」主催の広告賞でその年のグランプリも受賞しました。

しかし。年間来園者数はほとんど増えなかったのです。

結果的に、この失敗がその後の「ひらパー」のV字回復への転機となりました。この時突きつけられた**「広告が面白いと評価されたり、話題になっても来園者数は増えない」**という事実は、**2つの重要な「意識」の転換**を与えてくれました。

ひとつ目は「広告クリエイター」の在り方について。**広告賞を受賞したり、SNSで話題になっても、「結果」を出せない人間が「広告クリエイター」と名乗っていいのだろうか**、と自問自答したのです。

企業の広告予算はどこから生まれるのか、を意識したことはありますか。

僕は、営業マン時代に経験した某巨大クルマ企業の工場見学を思い出しました。製造現場では日々、生産コストを1円でも安くするために、大変な努力をしています。巨大な広告予算は、工場での1円単位の削減を積み重ねて生まれており、広告クリエイターはその努力の結晶を預かり広告をつくっているのです。

だからこそ、広告クリエイターがつくるのは「結果を出す広告」であるべきです。人よりも遅くクリエイターになった僕は、このときまだ「広告クリエイターは面白いものをつくればいい」という自己満足に陥っていました。でもそれではダメなのだ、と厳しい現実をつきつけられたのです。こうして、「ひらパー」を担当した初年度の失敗から、**ただ面白いだけではダメで、「面白く、かつ結果も出る広告」をつくらなければならない、**と「意識」を転換しました。


2つ目の意識の転換は、**「広告のブラックボックスに切り込む」決断**です。

よく「広告は水もの」と言われます。たとえば「広告費を1000万円増やしたら、商品の売上げはどれぐらい増えるのか」という問いに対して、誰も正確に答えることはできません（商品認知率の変化などの予測数字は出せますが）。

商品の売れ行きにはネーミングやパッケージ、価格も関わってきます。広告以外の変動要素も多いため、広告が売上げなどの効果を確約することはできないのです。同様に、面白い表現のテレビCMを1000万円分テレビに流すのと、普通の表現のテレビCMを5000万円分テレビに流すのとだと、どちらが多く商品を売るのかも断言できません。**このように、広告と結果の間には、測定不能のブラックボックスが存在します。**

しかし、僕はこの「広告のブラックボックス」に疑問を持ちました。「結果」が出る広告と出ない広告。そこには必ず理由があるはずです。「ひらパー」の初年度の広告は、なぜ面白いと評価を受けても「結果」を残せなかったのか。そこには必ず理由があるはずです。その理由を分析していけば広告の効果を上げられるはずだと考えました。細かな数字まで保証することはできませんが、試行錯誤を繰り返すことで「結果」を出す率を上げることはできるはず。「こういう商品はこうすると買ってもらえる、こういう気持ちにすれば人々が来てくれる」と**「結果」から逆算することで、「ブラックボックスに切り込み、『結果』に責任を持つ広告づくり」に挑戦してみよう、と「意識」を転換したのです。**

① 広告クリエイターとしての意識の転換

② 広告のブラックボックスへの挑戦

失敗から導かれた2つの「意識」の転換が、「ひらパー」のV字回復のベースになりました。

「意識」については第2章でじっくり説明します。

人の心には3つのフォルダがある

ここまで、「ひらパー」の置かれた状況や「意識」の変化を一通り説明してきました。しかし、もうひとつ逆境があります。それは、**「ひらパー」の商圏には、強大なライバルがいる**ことです。USJです。

広告予算も多く、勢いも集客数も絶好調、本当に満足度の高い場所です。ただ、「ひらパー」とUSJの関係は良好で、実は互いをライバルとは思っていません。地域密着型の遊園地と日本中から人が来るテーマパーク。規模も来園者数もまったく違うからです。

しかし、足を運ぶ私たち生活者の側に立ってみると「次の休日にどこに行こう」という候補場所として、両者は比較検討されます。その意味では、USJはライバルなのです。

改めて、「ひらパー」の崖っぷち状況や制約をまとめるとこうなります。

・開園102年目の老舗遊園地で、来園者数も減少
・広告予算は少ない
・ライバルが巨大で、かつ絶好調
・認知率がほぼ100％であること

「認知率がほぼ100％」はなぜ制約なのか？　集客には有利に働くのでは？　と感じる人もいるかもしれません。結論から言えば、この**「認知率100％」は、人々に足を運んでもらう（あるいは商品を買ってもらう）うえで大きな障壁**になります。

実は、認知率は結果を出すアイデアを考えるためにとても重要です。その理由は、**僕が発見した次のような公式**にあります。

［公式01］
売れない理由を
把握する公式

＊

人は、心に3つのフォルダを持っている

フォルダ①「行かない／買わない／利用しないフォルダ」
フォルダ②「行ってもいい／買ってもいい／利用してもいいフォルダ」
フォルダ③「行きたい／買いたい／利用したいフォルダ」

人は商品情報や広告に接した瞬間に、その商品やブランドや場所やサービスを、「行かない／買わない／◯◯しないフォルダ」「行ってもいい／買ってもいい／◯◯してもいいフォルダ」「行きたい／買いたい／◯◯したいフォルダ」という「心の中にある3つのフォルダ」に素早く、無意識に仕分けしているのです。

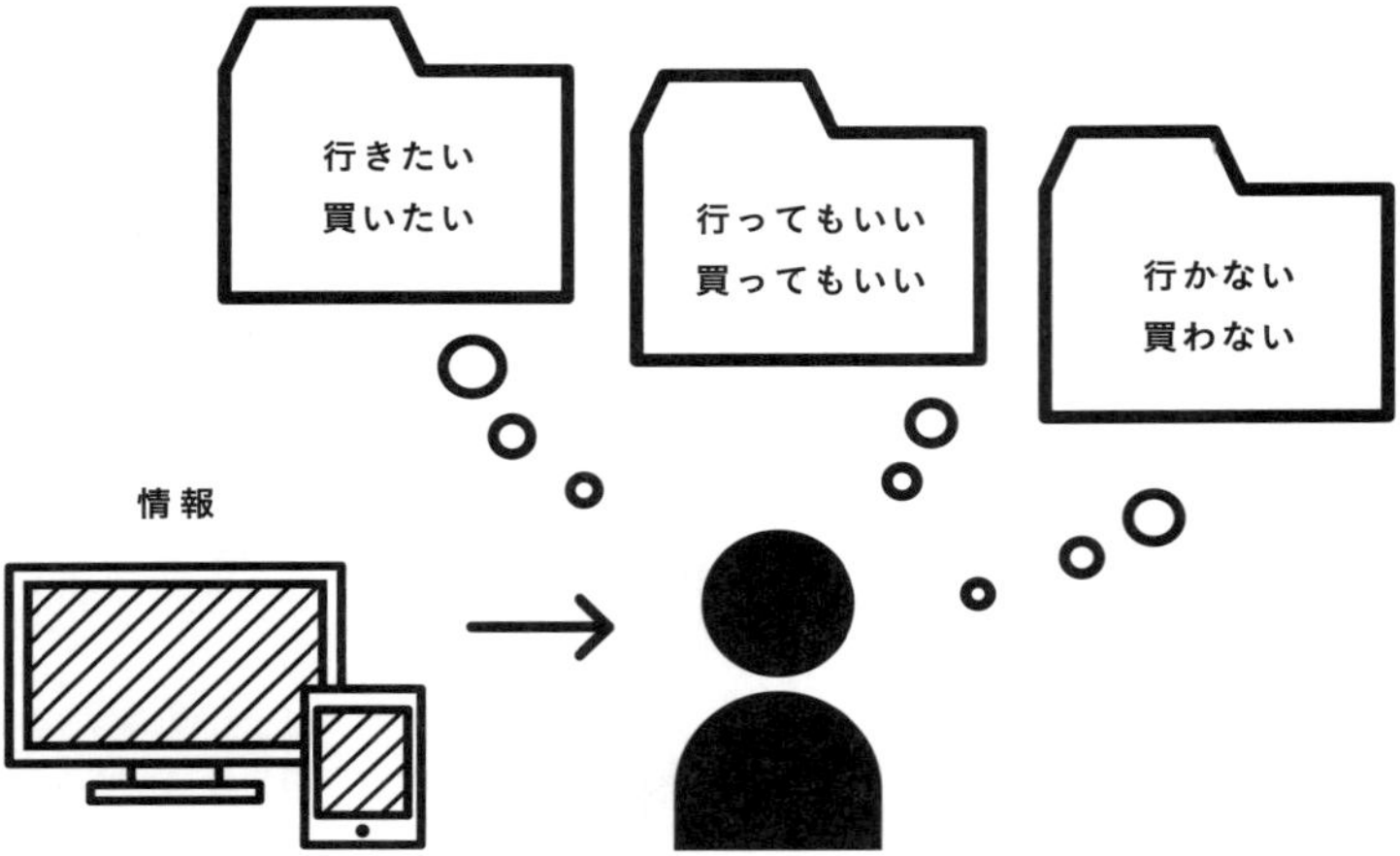

情報を心の中にある３つのフォルダに振り分けていく

たとえばあなたが「新しいファッションビルが誕生！」という情報に接するとします。その瞬間あなたは、そのファッションビルを「行きたい」「行ってもいい」「行かない」という心の中の3つのフォルダに無意識に振り分けているのです。

どのフォルダに振り分けるかは人によって異なります。女性向けのファッションビルのようだから男性の自分には「行かないフォルダ」。お店のラインナップがまだ分からないが、良さげだから「行ってもいいフォルダ」。お店の数が多く、好きなブランドも入っているから「行きたいフォルダ」といったように瞬時に振り分けているのです。思い返してみてください。あなたも、テレビの情報番組や

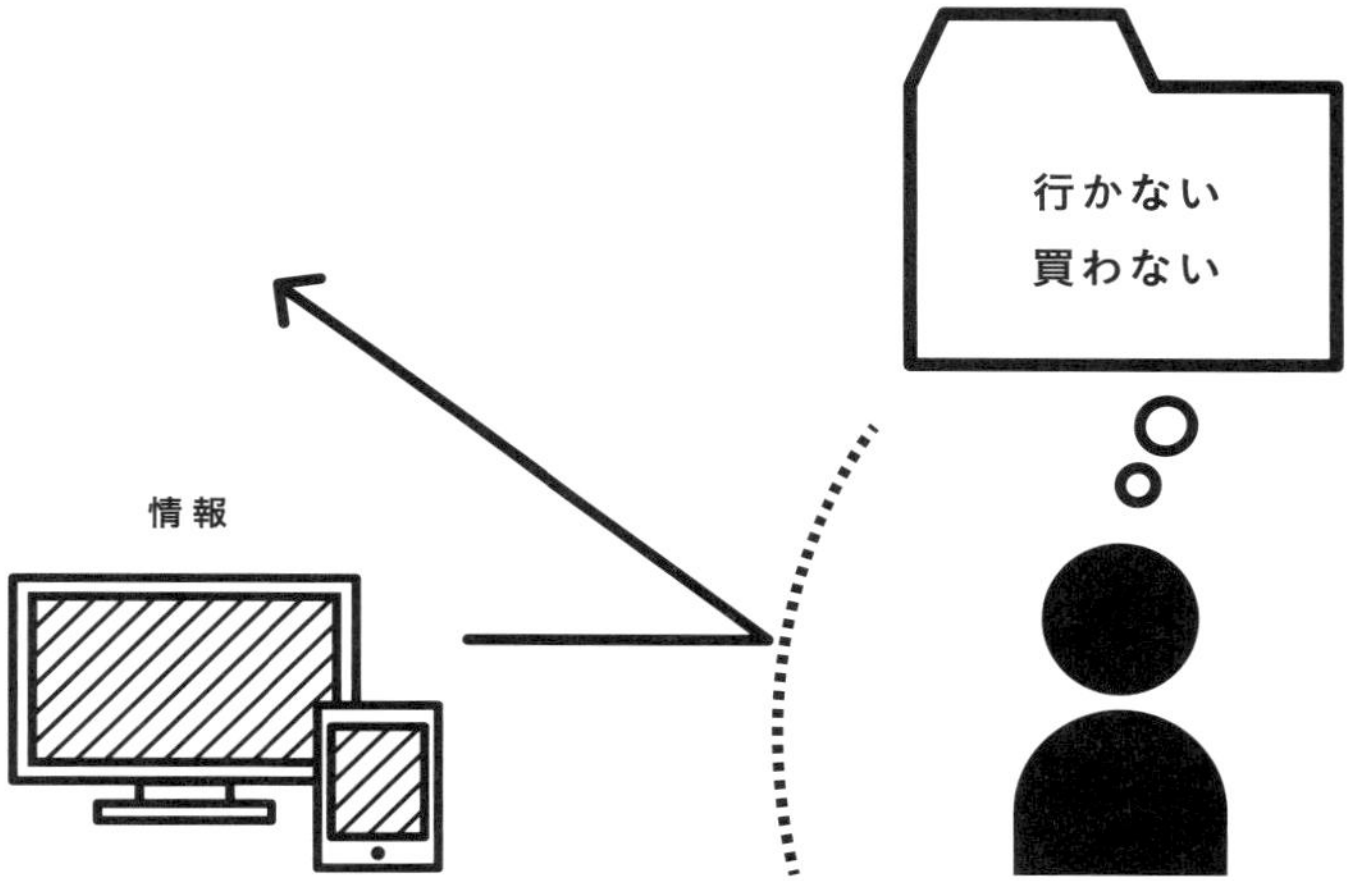

「行かない／買わないフォルダ」に入っている商品や企業からの情報は心に染み込まない

CMでいろいろな情報に接した時に、その都度その都度、ここに行きたい（買いたい）、行ってもいい（買ってもいい）、ここは行かない（買わない）、と無意識にフォルダに振り分けているはずです。

そして広告した商品やブランドや場所が、「行ってもいい／買ってもいいフォルダ」や「行きたい／買いたいフォルダ」に入ってくればいいのですが、一度、**「行かない／買わないフォルダ」に入ってしまうと、2つの問題が起こってしまうのです。**

問題1　一度「行かない／買わないフォルダ」に入ってしまうと、その企業や商品の広告が心の奥まで届かなくなってしまう

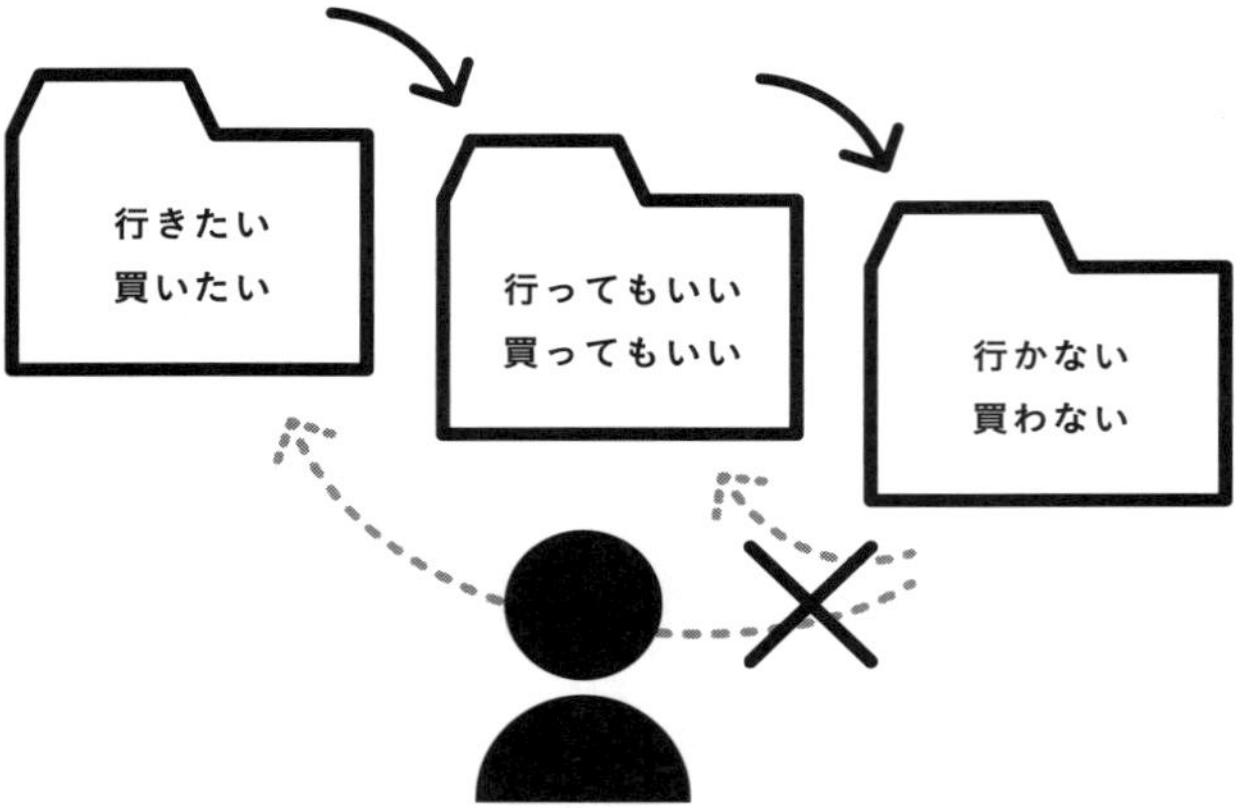

「行かない／買わないフォルダ」からの移動はなかなか起こらない。転落は起こりやすい

みなさんにも、遊園地や百貨店など、「行かない」と決めている場所があるでしょう。そして、たとえそこが面白い広告をしても、「じゃあ行こうかな」とはならないはずです。

このように、一度「行かないフォルダ」に入ってしまうと、たとえ広告が面白くても行きません。つまり、広告が心の奥まで届かなくなる（効かなくなる）のです。

問題2　「行かない／買わないフォルダ」から「行ってもいい／買ってもいいフォルダ」や「行きたい／買いたいフォルダ」へはなかなか移動しない

一度「行かない」と思った場所へは、なかなか「行く」とはなりません。つまり、「行かないフォルダ」から「行ってもいいフォルダ」や「行くフォルダ」へのフォルダ間移動はなかなか起こりにくいのです。逆に「行ってもいい／買ってもいいフォルダ」や「行きたい／買いたいフォルダ」から「行かない／買わないフォルダ」への転落は起こりやすいのです。

「認知率の高さ」はなぜ制約になるのか

人の心の中にある3つのフォルダとその問題点が分かっていただけたと思います。ではこれが「認知率の高さという制約」にどうつながるのでしょうか。それは……

「認知率が高い」とは、「ほとんどの人が、その商品やブランドを心の中の3つのフォルダに振り分け終わっている状態」を意味します。そして売上げが落ちている商品やブランドは、多くの人に「行かない／買わない／利用しないフォルダ」に振り分けられてしまっている状態なのです。

したがって、「ひらパー」の認知率ほぼ100%とは、「ひらパー」に行きたいか、行かないか、行ってもいいか、をみんながとっくに決めてしまっていることを意味します。「行かない／買わないフォルダ」に入ると、広告が心に届かず、かつフォルダ間移動もしにくくなります。これこそが、たとえ「ひらパー」の広告が面白くても来園者が減少していく理由でした。要するに**「広告は好き。でも、行かない場所」**になっていたのです。

一方、認知率が低いという状況は、フォルダに振り分けた人がまだ少ないことを意味します。であれば、認知率があがるにつれて「行ってもいい／買ってもいいフォルダ」や「行きたい／買いたいフォルダ」に振り分けられる可能性が残っています。なので、認知とともに売上げは伸びていきます。ただし、「どう知られるか」によって「行ってもいい／買ってもいいフォルダ」に振り分けてくれる人数は変わります。「どう知られると魅力的に感じてもらえるか」を考えて、ただ名前を知られるのではなく、情報を加えていくと良いでしょう。

こうして、「ひらパー」は予算の制約や来園者減、強力なライバルという逆境に加え、認知率100%、つまり**「ほとんどの人にとって『行かない場所』になっており広告も届きにく**

い」、まさに崖っぷち状態だった、と言えます。実は同じような状態に陥っている企業やブランド、商品はたくさんあります。**一度、認知率と心の中の3つのフォルダについて考えてみることは非常に重要なのです。**

「ひらパー」に人を呼ぶための逆転戦略

では、そんな「ひらパー」に人を呼ぶためには、どのような方法があるのでしょうか。まず、**予算が潤沢ではない時に打てる手のひとつは、持っている資産をリニューアルすることで**す。「ひらパー」でいえば見慣れられてしまった広告キャラクター「ひらパー兄さん」を刷新し、来園に結びつけることでした。

しかし、面白いからという直感的な理由で人選をしても効果は出ません。人選の前に、人を呼ぶためにユーザーをどのような心理状態にすれば良いのか、から考えなくてはいけません。

そのため、このような公式を使いました。

［公式02］
人々を行動させるツボ①

＊

地元愛×メジャーな存在で『応援行動』が生まれる

買ってもらう、来てもらう、興味を持ってもらう、試してもらう、など、こちらの望むように人々に行動してもらうためのポイント。それが「人々を行動させるツボ」です。この本にはたくさん出てきます。そして、このツボ①は日本のどの地域でも人々を行動させられる公式で、ある心理が関係しています。それは、「**自分の地元を愛してくれる人を、人は好きになる。さらに、その人がメジャーであればあるほど嬉しさが増し、地元愛が強まり、かつその人やその場所を応援したくなる**（応援しに足を運ぶ）」という行動心理です。

たとえば、あなたが生まれ育った地元や地元の遊園地を「大好き！」と公言している人を見たらどうでしょうか。きっと嬉しくなり、その人を好意的に感じるはずです。加えて「こんなに有名な人が!?」という人があなたの地元や地元の遊園地のために立ち上がってくれたら、その人や遊園地を応援したくなるはずです。足を運びたくもなるはずです。海外の有名人に日本を絶賛されると、その人を好きになったり日本に誇りを感じたりするのも同じような心理でしょう。この「応援行動・応援したくなる心理」が「興味を持たなかった存在に目を向けさせる力」になり、そこへ足を運ばせる力となるのです。

では「ひらパー」の場合は、どんな人が「ひらパー兄さん」になって枚方市や「ひらパー」を好きだと言えばいいのでしょうか。**一番強いのは、やはり地元出身者が地元を愛していると宣言することです。**ブラックマヨネーズの小杉さんは関西人ですが、枚方が地元ではありません。そこで、次の「ひらパー兄さん」には地元出身者を起用しようと考えました。地元出身者ならば一度は「ひらパー」に行ったことがあるはずなので、「ひらパー」の魅力を自らの言葉で語れることも大切でした。

実は枚方市は、様々な著名人を輩出しています。バラエティタレントも、お笑い芸人も、べテラン俳優も、女優も、ミュージシャンもいます。しかし、前述したようにメジャーな人のほうがより応援してもらえます。予算の制限はあっても、できる限りメジャーな人にお願いしたいと思いました。そして起用できたのが……

日本を代表する俳優であり、アイドルでもある岡田准一さんでした。

今ではかなり知られるようになりましたが、実は岡田さんは枚方市で生まれ育ったのです。中学3年生で東京に行くまで、生粋の枚方っ子。「ひらパー」にもよく遊びにきていました。枚方への地元愛があるメジャーな著名人。で、自分の言葉で「ひらパー」の魅力を語ることができる。人々を行動させるための次の「ひらパー兄さん」は、岡田さんしかあり得ませんでした。ではなぜ岡田さんが小さな遊園地のために一肌脱いでくれたのか。それも地元愛ゆえでした。地元のために頑張りたい、という岡田さんの地元愛が最初の奇跡を起こしたのです。

こうして「ひらパーが生んだ最高傑作（僕が勝手にそう呼んでいます）岡田准一さん」が新しいひらパー兄さん＝「超《スーパー》ひらパー兄さん」に就任しました（以下、「ひらパー兄さん」）。

「まさか岡田くんが！」という驚きの大きさは、ＰＲ記事（ニュースや記事のこと）の拡散力にな

「ひらパーが生んだ最高傑作」岡田准一さん。枚方と書かれたパーカーを着用

ります。「ひらパー兄さんに岡田准一！」というニュースは関西のすべての情報番組や大手新聞社によって報じられ、Yahoo! のトップニュースにもなりました。

それらの反響は凄まじく、就任発表から1時間も経たないうちに「ひらパー」のWebサイトにアクセスが殺到。サーバーが一時ダウンする事態も起こりました。メジャーな人が地元の小さな遊園地のために立ち上がる。このような心温まるストーリーはみんなの関心を集めます。岡田さんのファンだけでなく、枚方市民、関西人もアクセスしないと、さすがにWebサイトのサーバーは落ちません。V字回復の扉が見えてきた瞬間でした。

経営から広告を考えてみる

とはいえ、岡田さんの「ひらパー兄さん」就任だけで、すべてが好転するわけではありません。ここで、公式をもうひとつ紹介します。

［公式03］
今までとは違う
切り口を見つける
ための公式

*

企業の経営や収益構造を考えると、まったく別の強いアイデアが生まれる

いわずもがな「ひらパー」は企業です。訪れた人々に夢を与え、想い出をつくってもらう以外に、企業としての活動、つまり、**収益を増やさなくてはいけない使命**があります。収益が増えない遊園地では、いろいろなコスト削減が行われます。すると人手が足りなくなり、サービスの質は低下し、お客さんの満足度が下がります。それにより、来園者はさらに減り、さらなるコスト削減が行われます。これが遊園地の「負の連鎖」です。年間来園者数を減らしていた「ひらパー」は当然収益も減っており、単年度で赤字に陥ってしまうこともありました。その状態を何とかしたくて、クライアントの経営や収益構造について深く考えたのです。

では、クライアントの経営や収益構造を考えると、どんなアイデアに結びついていくのでしょうか。「ひらパー」の収益構造を考えてみると、まず来園者は、フリーパスであれ入場券であれ入口でお金を払います。これが収入の大きな柱になります。つまり、年間来園者数を増やせば売上げが上がる収益構造です。

しかし、あなたが遊園地でお財布を開くのは入園の時だけでしょうか。たとえば、ジュースやアイス、お昼ご飯などを食べるときにも財布を開きますよね。それも「ひらパー」の収益です。ほかには……**お土産**です。このように、クライアントの経営や収益構造を考えると、**「食べ物やお土産も企業の売上げを増やす重要な柱」**だ、と気づくことができるのです。

するとそこから、来園者が買いたくなるお土産をつくればいいというアイデアが生まれます。さらに、**買いたくなるお土産があれば、それらを目当てに来園させることもできるでしょう。収益も増え、人も増えれば一石二鳥です。**そこから、**どのようなお土産なら買いたくなるのか、どんなお土産ならば売上げを増やせるか、どうすれば高い値段で買ってもらえるのか。それらの視点から「ひらパー兄さん」のお土産をつくったのです。**みなさんも、買いたくなる面白いお土産を考える、という課題を設定できればたくさんアイデアを発想できるはずです。

「ひらパー兄さん」の裏設定は「すっかりメジャーになった岡田さんが、地元のひらパーには『素』で戻ってくる」でした。そこから、白いパーカーにジーンズ、という近所のコンビニに行くようなシンプルな衣装をアートディレクターの竹上と考えました。そして、この白いパーカーを「枚方パーカー」としてお土産で販売したのです。買った人が普段着でも着られるようなデザインにしています。このパーカーは収益増にも大きく貢献しました（2016年からは別の格好になっています）。テレビ番組のインタビューで、この「枚方パーカー」を買うために静岡から来た、と答えてくれていたカップルがいました。たかがお土産でも、来園目的になるのです。

① クライアント（あるいは自社）の収益構造を考える
② 従来とは異なる収入の柱を見つける
③ その柱で新しいアイデアを考える

このような道筋で考えると新しいアイデアが生まれます。しかも収益構造から逆算しているので収益に結びつき、「崖っぷち」からの思わぬ突破口になることもあります。

「足を運ばない場所」に足を運んでもらうには、第三者からの情報を活用

僕はすべての業務でＰＲ（記事や口《クチ》コミなど、第三者からの情報）を戦略的に使います。ＳＮＳで話題にすることも含め、ＰＲには人を動かす力があるからです。同時にいくつかの公式にもなります。たとえば……

［公式04］
人々を行動させるツボ②

＊

PR（第三者情報）によって「行ってもいい／買ってもいいフォルダ」や「行きたい／買いたいフォルダ」へ移動させる

公式1でも触れましたが、みなさんにも「存在は知っているが、行かない場所」があるはずです。地元の遊園地だったり、百貨店だったり、ファッションビルだったり、近所のスーパーだったり、心の中の「行かないフォルダ」に入ってしまっている場所です。行かない理由は人それぞれです。一度行って幻滅し、もう行かない、という人もいます。行ったことはないけれど、いろいろな理由で行かないという人もいます。いずれにせよ、「行かないフォルダ」に入っていることで広告が心の奥まで届きにくく、広告がきっかけで足を運ぶこともなかなかありません。そして、「行かないフォルダ」から「行ってもいいフォルダ」や「行きたいフォルダ」になかなか移動しないことは既に述べました。

では、どうすれば「行かないフォルダ」から「行ってもいいフォルダ」に移動するのでしょうか。一番重要で、いろいろな制約があっても実現できる方法が、PR、第三者からの情報です。

たとえば、あなたが『「ひらパー」は知っているけれど行かない』時に、次のような第三者情報をひとつでも目にしたらどう感じるでしょうか。

・テレビの情報番組などで、「ひらパー」の面白そうな特集や記事を見る
・友人から「ひらパーけっこう面白いよ」と聞く
・「ひらパー意外と面白かった!」という書き込みをSNSで多く目にする
・ニュースや記事で「いま、ひらパーに勢いがある」と紹介される

どうでしょう。少しは「ひらパーに行ってもいいかも」と思いませんか。このように、**第三者のポジティブな情報に接すると、心の中の「行かないフォルダ」から「行ってもいいフォルダ」へ移動しやすくなる**のです。**企業が発信する広告では足を運ばせられなくても、公平な目**

線の第三者情報に触れさせれば足を運んでもらいやすくなります。だからこそ、ＰＲを戦略的に生みだすことやＰＲをフル活用することが重要なのです。
岡田さんの「ひらパー兄さん」就任の情報は大きなＰＲとなりました。多くの人気番組で岡田さん自ら「ひらパー」愛を伝えてくれました。ＰＲの効果は、「ひらパー」の年間広告予算をはるかに上回り、10億円弱に達したのです。

こうして、「地元出身のメジャータレントが、かつて遊んでいた地元の遊園地の危機を救うために一肌脱ぐ」というストーリーや驚きを第三者情報に乗せて拡散させ、「ひらパー」を「行かないフォルダ」に入れていた人々の心の奥にも情報を届けました。同時に、公式2の「地元愛×メジャーな存在」で、岡田さんと「ひらパー」を応援したくなる心理をつくりました。それもまた「ひらパー」を「行ってもいいフォルダ」に移動させるためです。なお、僕は自分でＰＲプランニングもしますが、ＰＲを戦略的に使うためには、ＰＲ会社やＰＲスタッフを常にチームに加えると良いでしょう。

広告表現でも感情を動かす

このようにPRはとても役に立ちます。しかし、もしテレビCMや交通広告などのクリエイティブをつくる予算があるならば、それらも重要です。本書ではコピーやCMの発想法には触れませんが、広告表現において面白いものを発想し、見た人の何かしらの感情を動かすことは常に志向してください。広告クリエイターである限り、何かしらの感情を動かす広告をつくることから絶対に逃げてはいけません。調べてもらえればと思いますが、新しい「ひらパー兄さん」が登場した年、それまでの岡田さんの印象を変える大阪らしい「アホな」広告を多くつくりました。なぜならそれが、「ひらパー」の注目を上げることになるからです（面白い、と断言する自信はありませんが）。

僕は広告をつくるうえで、「人々を行動させるアイデア」と「人々の心を動かすクリエイティブ」の両立を心がけています。①**「人々を行動させるアイデア」をまず発想して、②ひとりでも多くの人にそのアイデアに触れさせるために、感情が動く表現（テレビCMやWeb動画、グ**

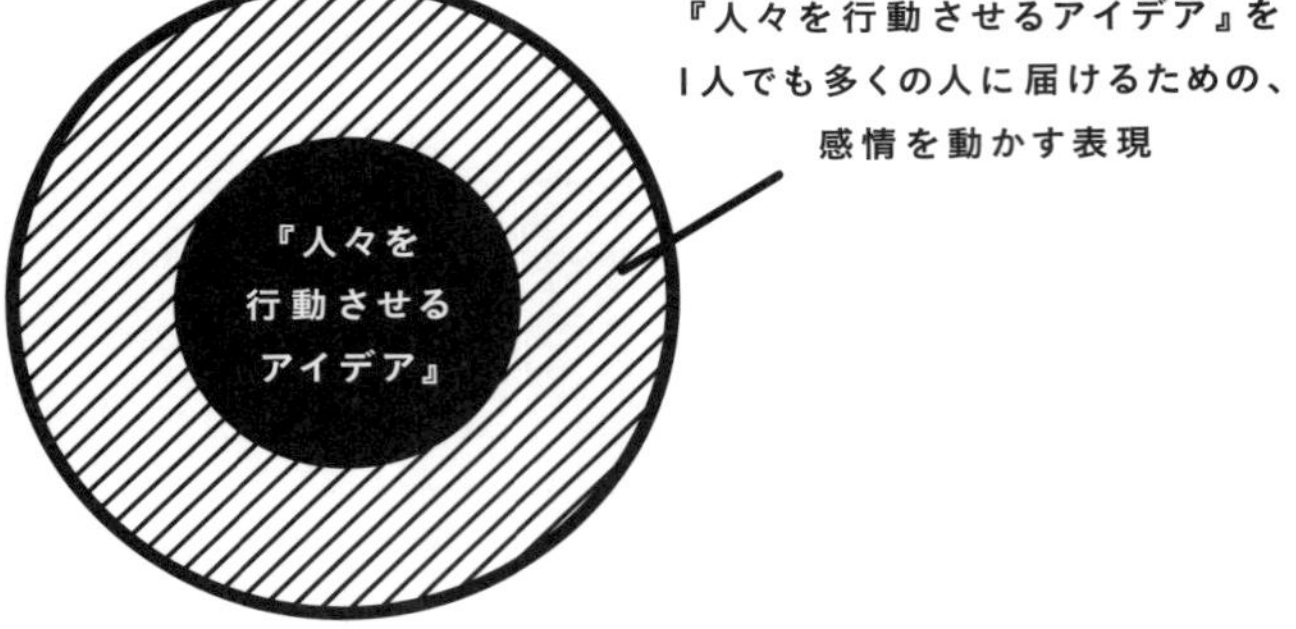
『人々を行動させるアイデア』を
1人でも多くの人に届けるための、
感情を動かす表現
『人々を
行動させる
アイデア』

まず『人々を行動させるアイデア』を設定して、
それを1人でも多くの人に伝えるには、と考える。

ラフィックなど）を考える。この両立で、より多くの人々を動かし、結果を出すことができます。

とはいえ、この本では「人々を行動させるアイデア」の重要性を伝えていきます。なぜなら、**人々を行動させるためにより重要なのは、表現のアイデアよりも「どう行動させるかのアイデア」だから**です。

「人々を行動させるアイデアがない。けれど表現は面白い広告」はあまり効果を出しません。たとえば、数百万回も再生されたＷｅｂ動画が商品の売上げにつながらない、という相談がよく僕に来ます。厳しく言えばそれはその広告表現のベースに「人々を行動させるアイデアやポイント」がないからです。

岡田さんの「ひらパー兄さん」就任1年目の結果は

① 地元愛×メジャーな存在、を刺激して応援してもらう
② 経営を考えた、来園目的にも収益にもなる「枚方パーカー」などのお土産づくり
③ 「行ってもいいフォルダ」に入るために、ＰＲ（第三者情報）を戦略的に拡散

これらの公式を活用した年、「ひらパー」の年間来園者数は２０１１年の87万人からおよそ**7万人増の94万人へと回復**しました。お土産の売上げによる副収入もあり、なんと黒字も達成できました。さらに予想外なことに、全国に波及したＰＲの効果で関西圏以外からの来園者が急増したのです。公式を見つけてアイデアを考え、キャンペーンを組み立てたこの年の成功は、自分にも「ひらパー」にも確かな分岐点となりました。

勝負をかけた「ひらパー兄さん」就任2年目

2014年春。岡田さんの「ひらパー兄さん」は就任2年目を迎えました。が、僕は焦っていました。流行サイクルが短い現代では、「就任バブル」は2年目の終わりまでは続かないと思っていたからです。**「ひらパー」が上昇気流に乗るか、一時的なブームで終わるか、この2年目が勝負の年**でした。

そこで、さらなるアイデアで集客増を実現すべく、とある年間キャンペーンを考えて立ち上げました。それが、

「岡田さんがひらパー兄さんと園長を兼任。そして過去10年間で2回しか達成できていない年間来園者数100万人達成に、自らの進退をかける」

というものです。これを2014年4月1日、エイプリルフールの日に発表しました。

4月1日にしたのは理由があります。毎年エイプリルフールは各社がいろいろな嘘の広告を発表します。でも、生活者はもう慣れています。なので逆に「嘘っぽいが実は本当の話」を発

表して驚かすことで、ＰＲ効果を上げようと考えました。
驚いたり、笑ったり、怒りを覚えたり、感情が動くとＰＲになりやすいのです。感情が動くように企画をすることがポイントですが、発表日と内容を掛け合わせることでも感情を動かすことができます。たとえば、「癒し」のキャンペーンを勤労感謝の日に発表すると「なるほど」「いいなぁ」と心が動きます。同様に、エイプリルフールにわざと本当のキャンペーンを発表したことで、エイプリルフールネタに絡めたＰＲも露出しました。また、「え、本当にやるの!?」「なんで2年目にそんな無茶を!?」というＳＮＳの話題化にも成功しました。

［公式05］
ＰＲを多く露出するために

＊

感情が動くとＰＲになりやすい。たとえば発表日と発表内容を掛け合わせるとＰＲ露出は増える

［公式06］
人々を行動させるツボ③

＊

行く理由を2つつくると、人は動く

行く理由を2つつくると、人は動く

では、勝負をかけた2年目とはいえ、なぜ過去10年間で2回しか達成できていない、年間来園数100万人達成に進退をかけるという無謀な年間キャンペーンにしたのでしょうか。ひとつ目の理由は、驚きをつくり、感情を動かしてより多くのPRを獲得するためです。そしてもうひとつの理由こそ、「ひらパー」のV字回復を語るうえで最も重要なアイデアでした。

たとえば、あなたがどこかに出かけるとき、**温泉だけではそこまで行く気にならなくても、温泉とアウトレットがあるとわかったら、「行ってもいい」になりませんか。**あるいは、「美味しいもの」だけでは行かないけれど、「美味しいもの」と「絶景」があれば「行ってもいい」と思うのではないでしょうか。

このように、**行く理由がひとつだと行く気にはならないけれど、行く理由が2つになると行こうかな、行ってもいいな、と思ったりします。**みなさんも同じような経験があるはずです。つまり、行く理由がひとつだと「行かないフォルダ」に入ったままだけれども、行く理由が2つになると「行ってもいいフォルダ」「行くフォルダ」へと移行するのです。**そこへ行く理由を2つつくれば、人々は足を運んでくれるのです。**なお、行く理由が3つ以上あればもっともっと多くの人が動いてくれます。

このような公式は、普段の生活や経験の分析から発見します。少しばかりの縁があり、千葉県の鴨川市に家族でよく行っていました。しかし、鴨川にはあまり観光客がいません。水族館もあり、海鮮も美味しく、温泉もあり、とても良い場所なのですが、どうして旅行の目的地にならないのだろう、とずっと理由を考えていました。そこから、鴨川へ人々が行く理由が水族館のひとつしか（知られて）ないからだ、と気づいたのです。ではいくつ理由があると、人は足を運ぶのだろうと考え、この公式が生まれました。みなさんも**普段の生活で浮かぶ「なぜ？」をつきつめてみると思わぬ公式を発見できることがあります。**

この公式は本当に使えます。僕自身、遊園地だけではなく人々に来てもらうことを目的にするいろいろな仕事で使っています。是非覚えて使ってみてください。そしてこの公式6をアイデア発想につなげるための、もうひとつの公式が次のようなものです。

［公式07］
行く理由を2つつくるための公式

*

人々がそこへやってくる理由がいくつあるかを数える

たとえば、あなたの地元の自治体や職場やクライアントに、人々が足を運ぶ理由はいくつあるでしょうか。もし、**理由が2つきちんとあるならば、その2つの理由を世の中に知らせる**ことに注力してください。知らせる手段はPRでも広告でもいいです。あるいは**行く理由は2つあるのに、人々にはひとつしか認知されていないならば、もうひとつの理由を知らせてください。**そして、**行く理由がひとつもないのであれば、行く理由を新しく2つつくればいい**のです。

新しい食事を開発してもいいでしょう。デザートなども女性には行く目的になります。隣の自治体や他の企業と組んで、行く理由を合わせて2つにする、でもいいでしょう。人々がそこへ行く理由を数えて、2つになるようにしてください。

「ひらパー」に行く理由を2つつくる

こうして、さらなる集客を狙う勝負の2年目、**「ひらパー」に足を運ぶ理由を2つ以上つくろうと考えました。**そのひとつが、岡田さんが進退をかけて年間来園者数100万人に挑戦する年間キャンペーンだったのです。つまり、「ひらパー」に行く理由のひとつ目として、**「人気のあるキャラクターを応援する（救う）ために足を運ぶ」**をつくったのです。

「ひらパー」がV字回復するには、勢いがついたこの2年目に来園者100万人を絶対に達成したいと思っていました。これを達成すれば翌年以降もっと人が増えていく確信がありました。2年連続で人が増えれば勢いがつき、「ひらパー」復活のPRが生まれるからです。

どの企業・どのブランド・どの商品にも、ひとレベル上に行くための「攻めのタイミング」があります。火がついた瞬間を見極めて薪をくべ、些細なことでは消えない「聖火」をつくる。「ひらパー」においては2年目がそのタイミングでした。87万人を94万人にした翌年に年間来園者100万人達成を目指すのは無謀な挑戦でしたが、岡田さんのためにも年間100万人を達成することは「ひらパー」で働く人々の目標にもなりました。

　行く理由をつくること以外に僕が実現しようとしたのは、「ひらパー」とお客さんの絆をつくることでした。**難易度が高いほど、成功したときに強い絆が生まれます。**ゴールデンウィークでも夏でも、「ひらパー」に遊びに行くだけで、岡田さんを救う100万人の1人になれる。参加した思い出は絆になります。絆ができれば「ひらパー」ファンが生まれ、再来園してくれやすくなります。「参加してもらう」ことでより強力な絆をつくりたかったのです。

　とはいえみなさんも「〇〇できたら××」、という公約型広告キャンペーンを見かけたことはあるでしょう。「唯一無二のアイデア」ではありません。ただし、実はものすごくこだわったことがあります。それは、**筋書きがあるかどうか。**公約型キャンペーンの多くは、「どうせ達成するんでしょ？」と最初から結果がわかるものがほとんどで、そのような意図を生活者たちは見抜いてしまいます。**達成することがわかっている挑戦に人は興味を持ちません。**「え、本当にクビになるの？」という先の読めない緊張感が情報鮮度を保ちます。筋書きのないドラマに人は惹かれるのです。余談ですが、100万人達成できるかどうか全くわからないため、「ひらパー」の方々や僕たち、内部の人間は1年間ずっとドキドキしていました。

［公式08］
人々を行動させるツボ④

*

結果が読めない、筋書きのないドラマやストーリーをつくると、人々を巻き込める

このように、難易度の高さと筋書きのないドラマが重要なので、

「岡田さんがひらパー兄さんと園長を兼任。そして過去10年間で2回しか達成していない年間来園者数100万人達成に進退をかける。」の

「過去10年間で2回しか達成していない」が最も重要でした。もしこの説明を入れずに

「岡田さんがひらパー兄さんと園長を兼任。そして年間来園者数100万人達成に進退をかける。」

としていたら、達成の難易度がわからず「どうせ達成するんでしょ?」と思われてしまい、足を運んでもらえません。些細なことに感じるかもしれませんが、大きな違いを生みます。良いアイデアが出たら、細部にまでこだわってください。

こうして「ひらパー兄さんを救うために足を運ぶ」というひとつ目の来園理由ができました。しかし、本当に人々の来園理由になったのでしょうか。設計した通りに人々が行動してくれているかを確認し、かつ人々を動かすアイデアの精度を上げる公式があります。

［公式09］
行動理由を確認しアイデアの精度を上げる
*
人々を動かすアイデアの精度を上げる「SNS検索法」

いまや生活者の多くがSNSを使っています。地域差や世代差はありますが、若年層はほぼ使っていると言えるでしょう。そんなSNS上にあふれている意見や感想を検索できるのがSNS検索サイトです。これが、生活者の感情チェックや行動の理由を確認するために非常に役に立つツールなのです。たとえば、来園者100万人に岡田さんが進退をかけるという年間キャンペーンを発表した後に、「ひらパー兄さん」でつぶやき検索をして、SNSでどのような書き込みがあるかをチェックします。

SNS検索法のポイントは2つです。まず、**1件1件の書き込みの詳細ではなく、全体を俯瞰で眺めてどんな感情が動いているのか、どんな行動に出ているのかをチェックしてみてください。**みんなが年間キャンペーンに対して「ひどい！」と怒っているのか「面白い」と言っているのか、など全体の感情をつかみます。あるいは、「ひらパー」に足を運んだのか、これから来てくれるのか、応援してくれているだけなのか、など行動も俯瞰でチェックしてください。

2つ目は、**チェックした感情や行動と、自分が事前に設計していた感情や行動が合っているかを検証します。**ここで、自分が設計していた感情や行動と実際の感情や行動がずれていても構いません。「自分の感覚は世間と少しズレている」と認識し自分の感覚を修正すればいいのです。これを繰り返すと世の中の感覚と自分の感覚が合ってくるようになります。すると、自

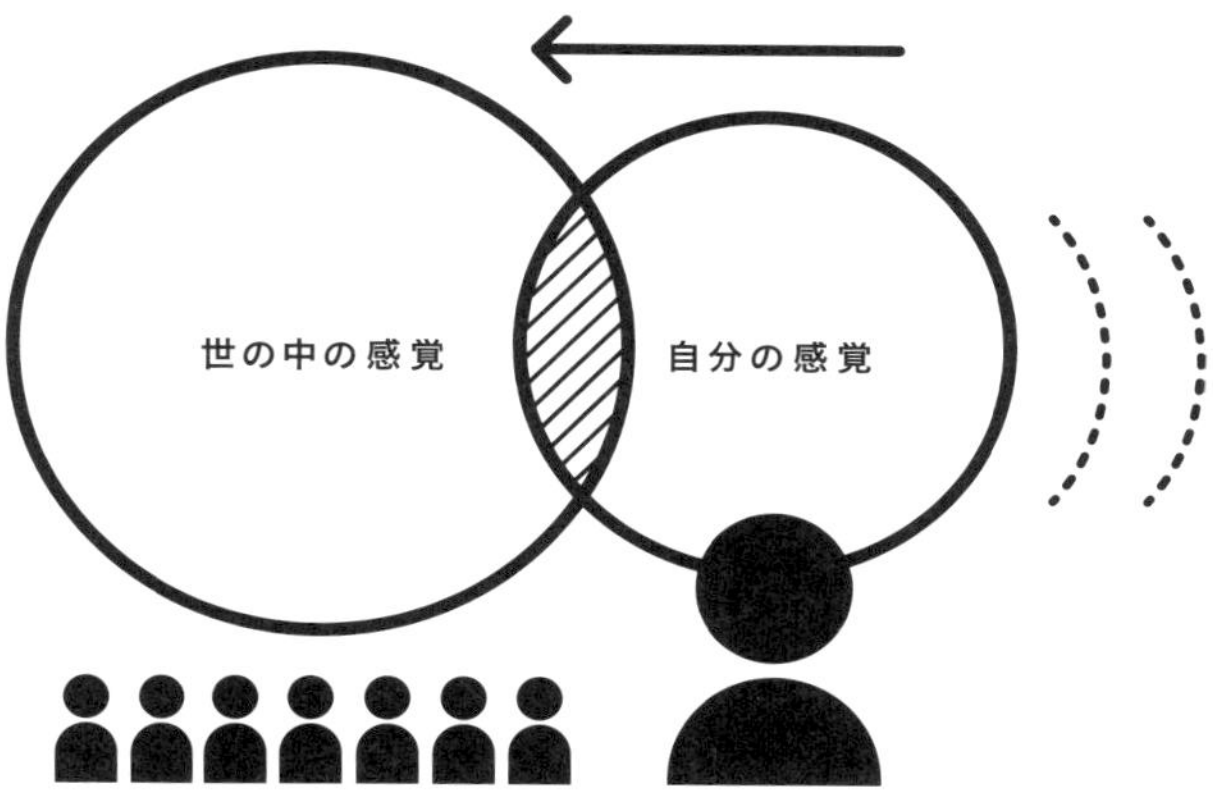

自分の感覚と世の中の感覚を「SNS 検索法」で重ねていく

分の感覚を信じられるようになり、設計通りに人を動かせるようになります。

年間キャンペーンの発表後のSNS検索では、「ひらパー兄さんのために」「応援しにひらパーに行く」という書き込みがほとんどでした。事前の設計通りの行動が生まれていたことになります。このSNS検索法は世の中の感覚がつかめるのでアイデア発想のベースづくりに役立つのです。

さて、「ひらパー兄さん」を救うため、あるいは応援しに「ひらパー」に来てもらう。これはひとつ目の行く理由になりそうです。でも、行く理由は2つ必要です。そもそも「ひらパー」で遊ぶことが2つ目の来園理由になる人もいます。でも、もっと多くの人を呼ぶためには、「ひらパー」で遊ぶ、が行く理由にならない人でさえ行きたくなるような来園理由をつくらなくてはいけません。では、2つ目の行く理由を発想した経緯から説明します。

はじめに、自分だったら心の中の「行かないフォルダ」に入っている遊園地がどうなったら足を運んでもいいと思うか、事情や制約を外して考えてみました。たとえば、「ひらパー」がディズニーのように非日常で素晴らしい世界感を持てば行く、とかお金がタダなら行くなど、非現実的なこともあえて考えました。なぜならこのように理想型を考えてみるとそこに足を運んでもらうための要素が見つかるからです（この理想型発想法はとても重要なので、第3章でやり方を詳しく説明します）。

こうして「ひらパー」がこうだったら行く、という理想型を発想するうちに、ひとつの考えに辿りつきました。そのきっかけは、「ひらパー」の岡本園長（当時は岡田さんが園長だったので副園長）の一言を担当者から聞いたことでした。「**遊園地は、来てくれた人が満足しないと、次も来てくれない**」。この言葉がきっかけになりました。たしかに、岡田さんのために来園してくれても、肝心の「ひらパー」が楽しくなければ満足できません。満足できないと、良い口コミも発生せず、来園者も増えていきません。では「ひらパー」で満足してもらうには……と考えて気づいたのです。
アトラクションが面白ければ、人は遊園地に足を運ぶ。

という当たり前のことに。この気づきは、**もし「ひらパー」に面白い新アトラクションができれば、行ってもいいと思ってくれる。**という2つ目の「行く理由」になります。さらにいえば、その新アトラクションが世界初だったら、もっと強力な「行く理由」になるはずです。同時に「初」はPRになります。露出が増えると情報に接触する人が増えるので、さらに人を呼ぶことができます。

［公式10］
PRの量を
増やす方法

*

世界初、日本初などの「初モノ」は
PRになりやすい

もし、**あなたの地元の遊園地に世界初のアトラクションができたとしたらどう感じるでしょうか。**少しは「行ってもいい」と思うのではないでしょうか。さらに、「ひらパー」に行けば、地元のために頑張っている「ひらパー兄さん」を助けることができます。

行く理由が2つ揃うことで、心の中の「行ってもいいフォルダ」や「行きたいフォルダ」へ「ひらパー」が移動しやすくなるのです。

制約があるときの発想法とは

とはいえ、世界初のアトラクションをつくるには、高すぎるハードルがありました。**アトラクションをつくるコスト**です。通常、アトラクションをつくるには**数億円から数十億円**もかかります。さらに、つくった後、メンテナンスの費用もかかります。残念ながら「ひらパー」の予算規模で新しいアトラクションをつくることは到底不可能でした。では、

- **新しいアトラクションができれば人が来てくれることはわかっている。**
- **しかし、アトラクション製作の予算はない。**

このような制約がある時、あなたはどうしますか。もちろん考え方に正解があるわけではありませんが、ここに「意識ひとつで結果が変わる」重要な分岐点があります。通常、このような状況だと次の2つが選択肢となるはずです。

① **他のアイデアを発想しなおす**

② **アトラクション予算の捻出をお願いする**

あなたなら、どうしますか？ 僕が選んだ選択肢は

③ **お金がかからないアトラクションを考えればいい**

でした。ひっかけ問題のようにしてしまい申し訳ありません。しかし、手前味噌ですが、**この考えができるか、が「結果」への大きな分岐点**になります。崖っぷちを逆転するアイデアを発想するための最重要ポイントは「意識」です。**制約の多い企画作業や交渉作業においては、「意識」が結果に大きな差をもたらします。**「予算がないから他の道を選ぶ」「予算追加を説得する」ではなく「予算がないなら予算をかけないアトラクションを考えればいい」。この発想の転換ができるようになればアイデアのレベルは上がります。そんな発想の転換ができるようになるために、制約が多いときの発想法を公式にすると次のようになります。

［公式11］
制約がある時の
発想法
＊

一番大きな制約だけを課題に加えて発想してみる

予算がないならば、予算がかからないアイデアを考えればいい（たとえばテレビCMの制作予算がないなら、一般人の投稿動画という企画にしてスマホで撮影すればいいのです）。時間がないならば時間がかからないアイデアを考えればいい、と課題に制約をひとつ加えて考えます。

加えるのは一番大きな制約だけにしてください。時間もかけず予算もかけないアイデア、と**制約を増やすと難易度は一気に高くなります。**もし制約がたくさんあるならば、**まず一番大きな制約だけを課題に加えて発想し、出てきたアイデアの中から次の制約をクリアするものを探すと良いでしょう。**このように、**人と同じ道を歩きながら人と違う発想をするのではなく、人**

が歩かない道で普通の発想をすれば、「人と違う発想」になることも意識してください。

［公式12］
アイデア発想の
基礎「意識」

＊

人が歩かない道で普通の発想をすれば、「人と違う発想」になる

こうして、「コストがかからない新アトラクション」という課題で考えたのが……

「ひらパー」に以前からあるジェットコースターやフリーフォールに、目隠し（アイマスク）をして乗る世界初の絶叫アトラクション「目隠しライド」

でした。これなら、かかるコストは無料で配るアイマスクの分だけで済みます。さすがにコ

アイマスクをして乗る世界初のアトラクション「目隠しライド」

スト0円とは行きませんでしたが、予算をほぼ使わずに恐怖を倍増させる世界初のアトラクションを開発することができたのです。

この「目隠しライド」は、関西のほぼすべての情報番組で取り上げられ、またしてもYahoo!のトップニュースになりました。乗ってみたいと思う新アトラクションをつくることで、「ひらパー」に足を運ばせる「2つ目の来園理由」となったのです。

さらに、もっと売上げを増やすべくアイマスクに「ひらパー兄さん」の目元をプリントした「**兄さんアイマスク**」をお土産として販売したところ、年間1万5千枚近く売れる大ヒット商品になりました。

アイデア発想フェーズでは自由に考える

この「目隠しライド」のアイデアはどのような思考で生まれたのですか？ とよく質問を受けます。そこで、アイデアの具体的な考え方のひとつの事例として、紹介します。

課題は、コストのかからないアトラクションを考えることでした。だから、何か新しいモノをつくるのではなく、すでにあるアトラクションを利用しようと考えました。さらに、「ひらパーに来た満足感」を生むために、瞬間的な面白さではなく、アトラクションの本質である「乗ってみたいと思わせるアトラクション」を考えようと思いました。アトラクションで乗ってみたくなるのは、やはり**「絶叫マシン」です。**では、人々はどうすれば絶叫するのでしょうか。絶叫とは、恐怖。だから乗る人に恐怖を与えればいいのです。そこで、「人々が恐怖を感じるアトラクションとは」というお題で、たくさんアイデアを出しました。ここでは、たとえばネジが一本外れたというアナウンスを聞いた後にジェットコースターに乗ったら怖いのではないか、怪談を聞きながら乗るのは怖いのではないか、など事情や実現可能性は考えずに案を出します。ダメなアイデアも書き出します。ネジが一本外れたと聞いてから乗る案は、安全性を考えれば絶対にあってはならない案です。が、発想で大切なことは、**「ダメ」と判断するのはアイデアを出した後で行うこと。明らかにダメなものでもそこに思わぬ次へのヒントが埋まっていたりします。**

［公式13］
アイデア発想法

*

具体的なアイデア発想では、まず自由に考える。そして制約をクリアするものを選ぶ

一番大きな制約を加える課題発想公式とは異なり、具体的なアイデアを考えるときには「安全性に気をつけなくてはいけない」、「女性に嫌がられてはいけない」などたくさんの制約をつけるとアイデアは生まれません。また、**「こういうのはできなかった」という過去の経験も忘**

れて考えてください。人に言わない限り、あなたの頭の中は誰にも覗けません。誰かに怒られることはないのでとにかく自由な発想を心がけてください。

こうして僕はまずは自由に案を考えました。いくつかの案を俯瞰で見て共通項を探すこともします。「人を怖がらせる案」の共通項として見つけたのが、**人は何かを「制限」されると恐怖を感じる**という心理でした。手を縛られたり、暗い部屋に入れられたり、人は制限されると恐怖を感じますよね。これだ！と思いました。そして、目隠しをして乗ると怖いのではないか、というアイデアに辿りついたというわけです。同時に、目の見えない方々への配慮として「ひらパー兄さん」の目をプリントすることも考えました。

みなさんも「予算のかからない新アトラクションを自由に考えてみてください」というお題だと、何かしら思いつくでしょう。大学の授業で、教えている学生たちにこのお題で考えてもらったことがありますが、なかなか面白いアイデアも出てきました。このように「予算のかからない新アトラクションを自由に考える」と自分で課題を置きなおせれば、アイデアは出てきます。

くり返しますが「お金がないから他の方法を」ではなく「お金がかからないアトラクションを考えよう」と「意識」を転換できるかどうか、が重要なのです。新アトラクションがあれば人が来る↓でもお金がない↓ならば制作費のかからないアトラクションを考えればいい↓予算のかからないアトラクションとはなんだろう？　と「意識」ひとつで発想もアイデアも広げることができるのです。

PRの効果を最大にする

さて事例説明に戻ります。「目隠しライド」は、年間来園者100万人を賭けて挑戦する、という年間キャンペーンと同時に発表されました。

「ひらパー」に行く理由1
年間来園者100万人に進退をかけた「ひらパー兄さん」を助け、応援するため
「ひらパー」に行く理由2
世界初の絶叫アトラクション「目隠しライド」に乗るため

と「行く理由」が0の状態から2つの「行く理由」をつくりましたが、これらの理由を知らせなくては効果は出ません。そのためにテレビCMもつくりましたが、ここでもより重要なのはPRです。

前述したように、「行かないフォルダ」から「行ってもいいフォルダ」へ移動するキッカケのひとつは第三者からのPR情報です。また、15秒しかないテレビCMで伝えられるのは、「目隠しライド」の認知程度です。CMを見た人はきっと思うでしょう。「目隠しライド」は面白そうだけど本当に怖いのだろうか、と。このような疑問に答え、内容までしっかり伝えられるのは、第三者からの情報であるPRでした。そのPR露出を最大にするために、年間キャンペーン内容とアトラクションをセットで発表したのです。

報道するメディアの人々にも面白いと思ってもらえばPRになります。さらに、PRネタをまとめることでPRにとりあげてもらえる可能性や露出、効果は大きくなります。**時期をずらして小分けにPRネタを出し、何度もPRを獲得する方法もありますが、この時は一度にまとめて露出可能性や露出自体を大きくする、という作戦をとりました。**

［公式14］
PRの露出可能性や
露出自体を
増やす公式

*

PRネタを一度にまとめて発表すると露出が大きくなる

結果、狙い通り「100万人に進退をかける」、そしてそれを救うためにつくられた「世界初の絶叫アトラクション『目隠しライド』」はセットで多くのニュースや記事になりました。TVでは10分以上の特集も組まれました。全国版の新聞でも記事にもなりました。どのメディアも関心があったのは生活者の疑問でもある「『目隠しライド』は本当に怖いのか」でした。すべてのテレビ番組が、世界初の絶叫アトラクションが本当に怖いのか、を実際に検証してくれました。

記者が乗って検証をしてくれると、ニュースや記事の尺が増えます。また、本当に怖い、というリアルなコメントをしてくれることでPRの〝質〟もあがります。こうして勝負をかけた

2年目の「ひらパー」の最初のPRは成功を収め、集客に大きな貢献をしてくれました。

PRにはSNSのつぶやき、いわゆる口コミも含まれます。ニュースや記事同様、口コミも大切です。特に「ひらパー」のように一度「勢い」を失った企業は、「勢い」を取り戻すのがとても大変で、「勢い」をつけることができるニュースや記事、そして、SNSの口コミが広がることは非常に重要です。**「公式9：SNS検索法」で感情や行動をチェックする以外にも、つぶやかれている量の変化もチェックすると、「勢い」がついてきたかがわかります。**

なお、「ひらパー」に関してはネガティブなつぶやきが全くありません。これは、岡田さんの人柄のおかげであり、また地元の遊園地のために立ち上がった「地元愛×メジャーな存在」による応援行動のおかげです。そして「ひらパー」で働く方々の日々の努力のおかげでもあります。ちなみに、「目隠しライド」は本当に怖いです。試してみたい方は、ジェットコースターやフリーフォールに乗ってずっと目を閉じてみてください。いままで感じたことのない恐怖を味わえると思います。

広告賞よりも……と言いましたが、この「目隠しライド」はカンヌライオンズという世界最高の広告賞で複数部門に入賞、スパイクスアジアというアジア最大の広告賞では金賞を受賞しました。海外の人にもアイデアが評価をされたことは発想への大きな自信となりました。

3つ目の「行く理由」

ここまで、①年間100万人達成に進退をかける、②世界初の絶叫アトラクション「目隠しライド」と2つの「行く理由」づくりをしてきました。実は、このほかに、もうひとつ「ひらパー」に「行く理由」をつくっているのです。それは**「年間来園者100万人」**という数字でした。

100万人という数字は、実はものすごい数字です。「ひらパー」はもともと地域密着型の小さな遊園地。そこへ100万人もの人が来ているのです。

「あのひらパーに、実は年間100万人も来ている」。この事実を伝えることが、3つ目の「行く理由」づくりでした。

というのも、「**日本人は数字に弱い**」傾向があります。たとえば「80%の人が美味しいと言った」と知ると食べたくなったり、評価の数字が高いお店に足を運んだり。コマーシャルや広告で数字を使って説得している例を見たことがあると思います。数字説得型の広告が多すぎるとイライラもしますが、裏を返せば数字が効くから数が多いとも言えます。

［公式15］
人々を行動させるツボ⑤

＊

日本人には数字が効く。意外な人数が行っていると、面白いのかもと思ってもらえる

自分は興味がなかった展覧会だけど、どうやら早くも30万人が来場しているらしい。そう聞くと、興味を持ったりします。「ひらパー」でいえば、**100万人という目標数字を掲げることで、「100万人近くも行っているなら面白いのかも」と思ってもらい、3つ目の「行く理由」にしました。**

この公式15で重要なのが「意外な」です。「あーそうだろうね」ではなく「え、そんなに!?」と思ってもらうとより効果が出ます。では「ひらパー」に100万人も行っていることがなぜ

「意外」なのでしょうか。そこにはテーマパーク業界独特の理由がありました。

天候に来園者数が左右されやすいテーマパーク業界は、ディズニーランドとUSJを除いて年間来園者数を公表しません。雨が多い年は集客人数がどうしても減ってしまうからです。しかし、来園者数を公表しないデメリットもあります。**人数を公表しないことで「人がいないイメージ」が加速してしまう**のです。

地域密着型の遊園地が混むのは主に休日や夏で、平日や冬は空いています。そのような日に「ひらパー」に足を運んだ人は「ひらパーはガラガラ」という印象を持ち、周囲に対しても「ひらパーガラガラだよ」と口コミします。こうして「人がいない場所」というイメージが醸成されてしまい、ますます人が来なくなるのです（同じような場所は全国にあります）。

そこで、人がいない悪いイメージも払拭し、かつ3つ目の「行く理由」づくりをするために、数字に弱い日本人のインサイトを突いて意外と多い来園者数を公表したのです。「ひらパー」が来園者数を広告に掲載するのは開園以来初のことでした。天候というリスクも含めて、パートナーである僕たちを信じすべての英断を下してくれた「ひらパー」の方々が、V字回復の鍵を握っていたと言えます。

2年目、2014年の来園者数は?

では、勝負をかけた2年目、年間来園者数はどうなったのでしょう。

2014年度、「ひらパー」の来園者数はなんと109万人を記録しました。

就任初年度の94万人から、**1年間で15万人もアップしたのです。**岡田さんの「ひらパー兄さん」も継続することができました。繰り返しますが100万人を達成できるかどうかは、本当に筋書きのないドラマでした。誰も結末がわからなかったのですが、見事に達成することができました。あの年「ひらパー」に来てくれたすべての人々に今でも心から感謝しています。

この100万人達成のニュースも、当然PRになって拡散しました。Yahoo! ニュースのトップにも載りました。結局この年、年間4回も Yahoo! ニュースのトップを飾ることができたのです。ＳＮＳでもトレンド入りを何度もしました。「ひらパー」はメディアや生活者から注目される存在になり、そのおかげで「勢い」を手に入れたのです。この「勢い」があると、いろいろなことが正の循環で回っていきます。戦略的にＰＲを使うことが重要であることも認識していただけたかと思います。

こうして、僕と「ひらパー」のＶ字回復への冒険は終了しました。というのも、この年に東京に転勤で戻ることになり、先輩たちから受け継いだ「ひらパー」の仕事は後輩たちに託すことにしたからです。この本を出すにあたって久しぶりに訪れた「ひらパー」には人が溢れていました。お世話になった担当者に聞くと、現在も非常に好調で年間１２０万人も視野に入っているようです。それもこれも、僕の後を継いだ優秀な営業と後輩クリエイター、スタッフ、そして年間１００万人達成のために死にものぐるいで頑張った「ひらパー」の方々と「ひらパー」を愛してやまない岡田さん自身の努力の賜物でしょう。遊びにきていた子供たちの笑顔はまぶしく、本当に嬉しそうでした。みなさんも是非「ひらパー」に遊びに行ってみてください。本当に本当に楽しい場所ですから。

第2章

発想力をすぐに伸ばす2つの「意識」

逆境を「アイデア」に変えるために必要な2つの「意識」

さて、「ひらパー」の事例と公式はいかがだったでしょうか。逆境を「アイデア」に変える方法や崖っぷちを逆転した事例がどういうものか、多少なりとも理解してもらえたのではないでしょうか。

「地元愛×メジャーな存在で応援されるようになる」「人は行く目的が2つあると足を運ぶ」などの公式は、他の業種や商品、サービスの企画でも効果を出すので、どんどん使ってみてください。予算があればあるほど効果も上がります。

これらの公式は、予算が少なく来園者も減少という制約があったからこそ生まれたものでした。しかし、この本で紹介するようなアイデアや公式が、制約さえあれば自動的に生まれるかと言えば、残念ながらそうではありません。そこで、アイデアの具体例を見てもらった第1章につづくこの第2章では、逆境を「アイデア」に変えるためにあると良い**2つの重要な「意識」**について説明します。僕自身、常にこの2つを「意識」しながらアイデアを発想しており、発想の強力な土台となるものです。

第1章でも触れましたが、**「意識」ひとつで、アイデアや発想のレベルは上がります。「意識」がなければ上がらないわけではありませんが、あれば上がります。アイデアや発想に自信がない人でも大丈夫です。**

「意識」と聞くと精神論と思われるかもしれませんが、感覚的な精神論や根性論ではありません。なぜその「意識」でアイデアや発想のレベルが変わるのかまで論理的に説明していきたいと思います。

崖っぷちを逆転するアイデアとは、結果から逆算されたアイデア

まず、崖っぷちを逆転するアイデアとは、どういうアイデアでしょうか。それは、商品やサービスやブランドや企業の苦況をガラリと変える「結果」を出すアイデアのことです。つまり、**「結果」を出すアイデアが崖っぷちを逆転するアイデアといえます。**なので、「ものすごく面白くても結果が出ないアイデア」では、崖っぷちを逆転することはできません。

では、もうひとつ質問です。「結果を出すことから逆算されて考えられたアイデア」と「結果を出すことを意識しないで考えられたアイデア」、どちらのほうが結果を出しやすいでしょうか。当然「結果から逆算されて考えられたアイデア」のほうが「結果」を出す確率が高くなります。

つまり、**崖っぷちを逆転するアイデア＝「結果」を出すアイデアであり、そのためには「結果」から逆算した方が良い**ということになります。まわりくどくなりましたが、**「結果」を出すことから逆算してアイデアを考えることが、崖っぷちを逆転するアイデアに必要である**ことがわかります。

では、「結果」を出す、とは具体的に何を意味するのでしょうか。実は、この**「結果」を出すとは何か、をきちんと理解することが、アイデア発想的に重要**なのです。この「結果」を出すとは、「広告をする最終目的」なのですが、

「何のために広告をするのか、その最終目的とは？」

と聞かれて、あなたは何が思い浮かぶでしょうか。

試しにコピーライター養成講座で教えている生徒たちに聞いてみました。広告をする最終目的とは、「ブランドをつくること」「面白い広告をつくること」「商品を知ってもらうこと」

「人々に来てもらうこと」「広告を見た人を幸せにすること」……。生徒たちの答えをまとめるとこんな感じでした。弊社の若手クリエイターに聞いても同じような答えでした。なるほど、どれも納得いく答えです。しかし……すいません、どれも不正解です。

答えを言います。「広告をする最終目的」は……**「売上げを増やすため」**です。

マナー広告や人を助ける公共広告を除くすべての広告は、最終的に売上げを増やすためにつくられているのです。**ここをきちんと理解しておくと、自分のアイデアが「結果」を出す確率が上がっていきます。**

意識① なぜ広告をするのか……それは、最終的に売上げを増やすため

すべての広告の最終目的は売上げを増やすこと、と言われて違和感があるかもしれません。しかしたとえば、僕がいま担当している外資系の大手自動車メーカーは、広告でブランド力を高めようとしています。一見すると、クルマ会社や高級ブランドが広告をする最終目的は

「ブランド力を高めること」のように見えます。が、その先の目的がまだあります。すなわち、**「なぜブランド力を高めるのか」という目的がある**のです。では、なぜこれらの企業は広告でブランド力を高めるのでしょうか。

それは、**ブランド力を高めることで、その商品やブランドを買ってもらいたいからです。つまり売上げを増やすためにブランド力を高めている**のです。たしかに、僕たちが輸入車や海外ブランドを購入する際、一番重視するのはブランドイメージやブランド力です。だからこそ、クルマ会社や海外ファッションブランドは広告で「ブランド力を高め」て売上げを増やすのです。

このように、**広告で「ブランド力を高める」ことは、売上げを増やすという最終目的を達成するための「手段」**のひとつだとわかります。なお、「売上げを増やす」というと、短期間で売上げを増やすことだと思われるかもしれませんが、それだけではありません。ブランド力を高めるように、数年かけて最終的に「売上げを増やす」ことも含みます。

この他、SNSで拡散させるため、購入検討期間が長い商品において「欲しい気持ち」を維持するため、そのブランドを他人に口コミしてもらうため、などもすべて「売上げを増やすための手段」であって「広告をする最終目的」ではありません。SNSで拡散させることを狙う広告があることは何の問題もありませんが、あくまでもその最終目的は**SNSで拡散させて商品を買ってもらうこと**です。だから、ただSNSで話題にするのではなく、**買ってもらうためにどのような情報をSNSで拡散すればいいのか、から考えないと、結果が出ない（売上げが増えない）アイデアになってしまう**のです。

また、認知獲得を狙って広告をすることもあります。これも一見、認知獲得が広告の最終目的のように見えます。が、この場合も「なぜ認知を獲得するのか」という目的がまだあります。それは、「**多くの人に知ってもらうこと（認知を獲得すること）で買ってくれる人を増やすため、つまり売上げを増やすため**」です。

このように、**認知獲得も広告をする最終目的ではなく、売上げを増やすという最終目的を満たすひとつの「手段」**なのです。

では、生徒たちが答えてくれた、「広告の最終目的は、面白い広告をつくること」はどうでしょうか。このような熱い気持ちを持ち続けてほしいと思いますし、僕自身も常に面白い広告をつくることを考えていますが、面白い広告や企画をつくることが広告の最終目的か、と言えば違います。「面白い広告をつくる狙い」がまだ先にあるからです。では、なぜ面白い広告を

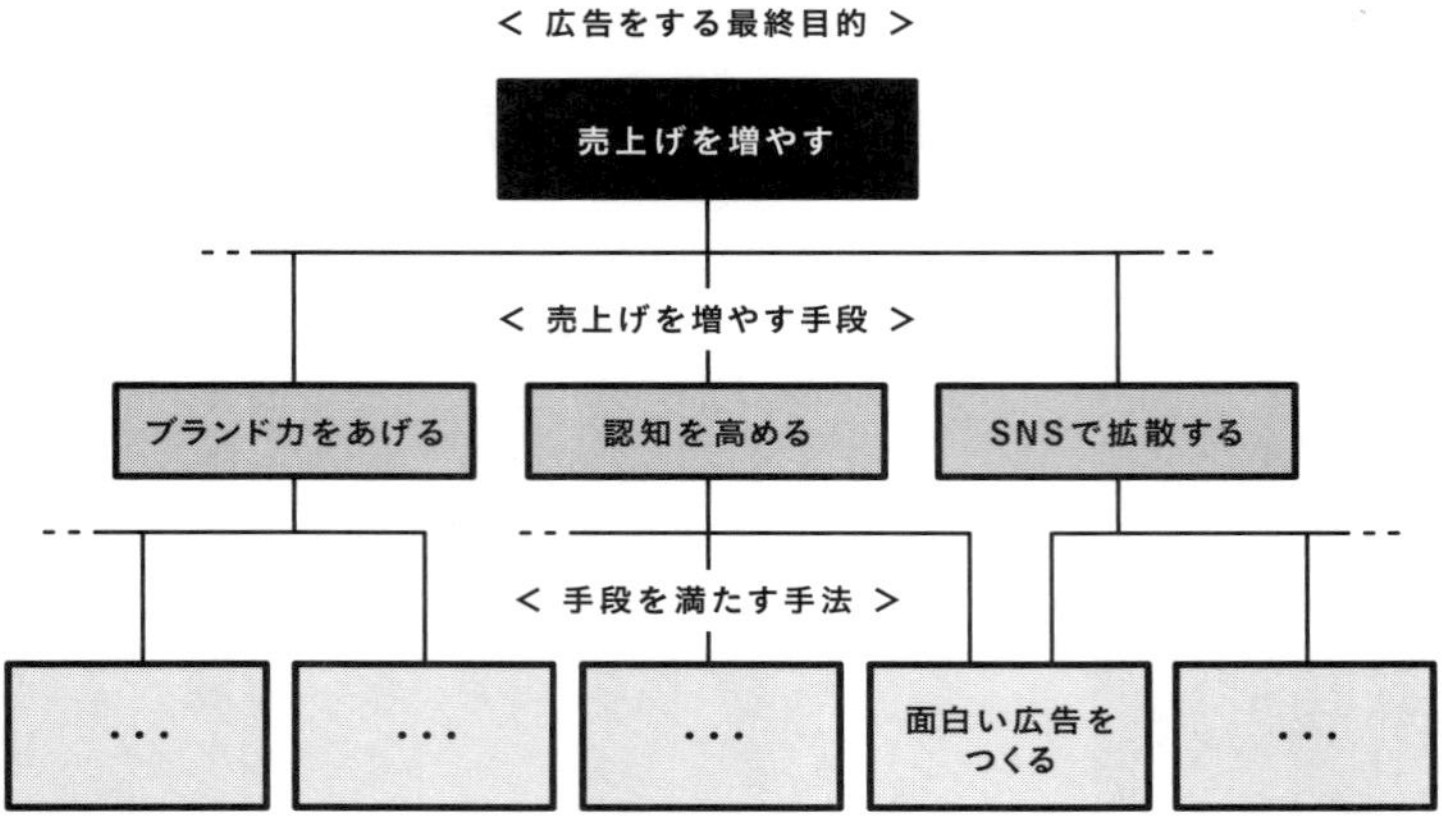

広告の最終目的をいつも意識するだけで「結果」が出るようになります

つくるのでしょうか。おそらくその狙いは2つです。

①面白い広告をつくることで、ひとりでも多くの人にその広告を知ってもらうため

②面白い広告によって、その商品に「親しみやすさ」や「楽しい」といったイメージを付加するため

大前提として、誰もが広告を前傾姿勢で見てくれるわけではありません。僕たちも生活者に戻ってみればそうであるように、ほぼ全員「興味がない」という**後傾姿勢で広告を見ています。**だから、広告で企業の思いを長々

と語ったり、商品についてたっぷり説明しても、ほとんどの人に聞いてもらえません（生活者として広告に接する自分自身を思い返してみるとわかります）。でも少しでも面白い（感情が動く）広告にすることで、ひとりでも多くの人に広告を見てもらうことができ、商品やブランドを知ってもらうことができます。

つまり、「なぜ面白い広告で、ひとりでも多くの人に見てもらうのか」や「なぜ面白い広告によって商品に『親しみやすさ』や『楽しい』といったイメージを付加するのか」も最終的には売上げを増やすため、なのです。他と同様、**面白い広告をつくることも最終目的ではなく、売上げを増やすという最終目的を満たすためのひとつの「手段」にすぎないのです。**

少ししつこく話してしまったかもしれませんが、あなたがいま担当している商品、あなたの会社の商品やサービス、あるいは学生の方はあなたが使っている商品、それぞれが広告をする最終目的について一度考えを巡らせてみてください。どれも、売上げを増やすことが広告をする最終目的だとわかると思います。逆に言うと、**売上げを増やすことからズレている広告は「結果」を残せていない**はずです。

「結果」を出すアイデアを考えるための道筋

広告をする最終目的が理解いただけたかと思います。

崖っぷちを逆転するアイデア＝「結果」を出すアイデア、つまり「結果」から逆算されたアイデアです。

そして、「結果」を出すとは、「広告の最終目的である売上げを増やすこと」なので、

崖っぷちを逆転するアイデア＝売上げを増やすことから逆算されたアイデア

となります。ここから起死回生のアイデアを考えるためのひとつ目の「意識」の公式ができます。

［公式16］
起死回生アイデア
を考えるための
「意識」

＊

広告をする最終目的である、「売上げを増やすこと」から逆算すると、起死回生のアイデアが生まれる

この公式に付随して、

※広告をする最終目的を満たすための「手段」はたくさんある

（ブランドをつくる／認知を高める／親しみやすいイメージをつくる／などなど）

も覚えてもらえればと思います。

この公式を具体的に「ひらパー」の事例にあてはめて説明してみます。

まず、「ひらパー」の広告の最終目的は、売上げを増やすことです。では、売上げを増やす手段として何があるかといえば、

「売上げを増やすために多くの人に来園してもらう」
「売上げを増やすためにお土産を多く買ってもらう」

があります。そこから「多くの人に来園してもらうために」「行く理由」を2つつくったり、「ひらパー兄さん」を新しくして「地元愛×メジャーな存在」で応援行動を誘発したりしました。また「お土産を買ってもらうために」、「ひらパー兄さん」の衣装やアイマスクなどのお土産を充実させたのです。

第1章では時系列で「ひらパー」の事例を紹介しましたが、「ひらパー」で実施した企画や広告は、実は**すべて売上げを増やすことから逆算されてつくられていました。**売上げを増やすことから逆算するとは、たとえばこのように発想をしていけば良いのです。

また、売上げを増やすことから逆算する大きなメリットがあります。それは、**売上げを増やすことから逆算してアイデアをつくっているので、そのアイデアは必ず売上げを増やすということです。だから、崖っぷち状態からの起死回生ができるのです。**

この公式16を身につけると、アイデアに「結果」がついてきます。とても重要なので発想チャートにしてみました。□に商品名やアイデアを書いてみてください。

「結果」を出すためのアイデア発想チャート

最終目的＝［　　　　　］**の売上げを増やすこと**

▼

そのための戦略＝［　　　　　］

商品を買う人が増えればいい、
一人当たり買う個数が増えればいい、
利用期間が長くなればいい など、
売り上げが増える方法を考える
複数考えてもよい

▼

そのための手段＝［　　　　　］

ブランド力を高める、認知を高める、
面白い場所だと思ってもらう など、
手段はいくつあってもよい

▼

それらの手段を満たすアイデア＝［　　　　　］

たとえばブランド力を高めるために、
高級感のある広告をつくる、セレブに使ってもらう、
海外の皇族につかってもらう、調査数字を使って
他の人が選んでいることを伝える、No.1だと伝える など、
手段ひとつに対して、いくつもアイデアを考えます

①　その商品やサービスの「売上げを増やす」という戦略を考えます。利用者が増えれば売上げが増える、ひとりが買う個数が多くなれば増える、など、ここはシンプルで当たり前のことで構いません。

②　その手段を満たすアイデアを考えます。買ってもらう人数を増やすためにブランド力を高める、などです。

③　どうすれば「ブランド力が高まるだろう」「どうすれば認知度が上がるだろう」と問いを設定して「高級感のある広告をつくる」「セレブに使ってもらう」「調査数字を使って他の人が選んでいることを伝える」などのアイデアを考えていきます。

このように整理していけばアイデアはねずみ算式に増えるはずです。量が多く出れば、アイデアのレベルも上がります。その中から制約をクリアするもの、あるいは効果がありそうなものをチョイスしてみてください。アイデア発想フェーズでは制約を入れずにたくさん考え、そこから制約をクリアするものを選ぶという公式13の方法もあります。

たとえば、「ひらパー」をこのチャートにあてはめてみます。

最終目的＝ひらかたパークの売上げを増やす

▼

そのための戦略①＝より多くの人々に足を運んでもらう
そのための戦略②＝ひとりひとりに多くのお土産を買ってもらう
（収益構造を考えて発見）

▼

戦略①を満たすための手段①＝
地元出身のメジャーな人を起用して応援行動をつくる
▶ **手段①を満たすためのアイデア**＝
地元出身のメジャーな人＝岡田准一さんを起用する
（無理だと思わずにオファーしてみる）

戦略①を満たすための手段②＝
行く理由を２つつくれば人は足を運んでくれる
▶ **手段②を満たすためのアイデア**＝
行く理由① 年間100万人達成に進退をかける年間キャンペーンをする
行く理由② お金のかからないアトラクション「目隠しライド」をつくる
行く理由③ 年間100万人も行っている場所であると知らせる

戦略②を満たすための手段①＝
キャラクターのお土産をいくつもつくる
▶ **そのためのアイデア**＝
「ひらパー兄さん」のパーカーやアイマスクというお土産をつくる

繰り返しですが、この逆算チャートを使って発想していけば、どんなアイデアでも広告をする最終目的である「売上げを増やす」につながります。たとえアイデアが面白くなくても、結果を出すアイデアが生まれやすくなるのです。少なくとも「売上げを増やす」という最終目的だけでも意識してみてください。

そしてもうひとつ伝えておきたいのは、**最終目的の「売上げを増やす」ことから逆算することは、クリエイティビティを退化させないということです。**売上げを増やすこととクリエイティビティは両立できます。

たとえば認知が上がると売上げが増えるのであれば、知ってもらうことに特化した面白いクリエイティブを考えればいいのです。あるいはお金がかからないアトラクションを考えれば人が来てくれる、と逆算でたどりつけば面白いアイデアは出てきます。「ひらパー」もそうですが、北九州の遊園地スペースワールドの明るすぎる閉園CMや、沖縄で手がけた「歩くーぽん」、そしてこの後の事例で出てくるアイデアは「結果」とクリエイティビティを多少なりとも両立できているのではないかと思います。いきなりアイデアを考えると、数も、面白いアイデアもなかなか出ません。逆算しながらひとつずつ整理することで、むしろ発想はしやすくなるはずです。とはいえ、最終目的から逆算している限り、たとえそこまで面白くなくても多かれ少なかれ結果は出るのでどうか気持ちをラクにしてください。

広告や企画の**最終目的をきちんと意識し、そこから逆算して手段やアイデアを考えれば、崖っぷちを逆転するようなアイデアが発想しやすくなる**ことを、是非覚えていただき、訓練してもらえたら嬉しいです。

2つ目の「意識」「心の天井」を取り払う

では、いろいろな制約や逆境を「起死回生のアイデア」に変えるために、身につけると良い2つ目の「意識」を紹介します。

突然ですが、発想の最大の敵は何だと思いますか？ センスがないこと、ではありません。発想の最大の敵は……

「心の天井」です。

「心の天井」とは何でしょうか。「心の天井」とは、「できない」「無理だろう」「これはないだろうな」「前ダメだった」と心の中に自分で勝手につくってしまう限界のことです。

たとえば次のような状況があったとします。**「メジャーな著名人を起用すれば結果が出るとわかっています。しかし、そのための予算がまったくありません」**。このような制約があった時、あなたならどうしますか？

①メジャーな著名人を起用するのではなく、他の手段がないか考える。あるいは②予算に収まる著名人に変更する、という選択肢が考えられます。が、選択肢はもうひとつあるのです。

③たとえ予算に収まらなくてもメジャーな著名人の起用に挑戦する、という選択肢です。

①と②の選択肢が不正解ではありません。しかし、①や②を選んだ時点で、メジャーな人は予算がないと起用できない、と「心の天井」をつくってしまっています。結果を出すための重要な岐路であれば、「心の天井」を外して挑戦するべきです。

「ひらパー兄さん」の奇跡も「心の天井」を外したからこそ生まれました。発想するとき、実現を目指すときに一番やってはいけないこと、それは、**前ダメだったから無理だ、や、一般常識で考えてできるわけがない、**と「心の中に勝手に天井をつくってしまうこと」なのです。

蚤《ノミ》の有名な実験があります。蚤は自分の体長の150倍も高く跳ぶことができます。そんな蚤を、フタ（天井）がついた箱に入れてみます。しばらくその箱に入れた後、フタを外してみます。すると蚤はもう天井がないにもかかわらず、天井より上には飛べなくなるのです。僕は、アイデア発想もこれとまったく同じだと思います。

心に天井をつくった状態で発想しつづけると、まず、発想のレベルが下がります。そして、自由に考えていい時に、天井よりも高く発想することができなくなってしまうのです。

たとえば、僕はコピーライター養成講座で「朝ごはんのコピー」という課題を出します。この課題に対する、生徒たちの最初の回答は真面目で発想の幅があまりありません。「心の天井」のせいで、発想の幅が狭くなってしまっているのです。実はこの課題、僕がクリエイティブ職に合格したときの、クリエイティブ適性試験の課題でした。当時書いた400本ぐらいのコピーの中に、「朝ごはんを欠かさない姑が、なかなか死んでくれない。」というものがありました。本当に不謹慎で申し訳ありません。コピーライターになる前に書いたコピーなのでレベルも低く、実際の広告コピーに使われることも絶対にないでしょう。でも、これはあくまでも

「発想」です。「死」「暴力」「うんち」など、不謹慎な言葉を、頭の中で勝手に「使ってはいけないもの」にしてしまうと発想はなかなか広がりません。

円グラフでいえば、360度の発想領域のうちの90度ぐらいを捨てているようなものです。NGだと思う領域だとしても、そこをあえて考えることで発想の幅が出ます。幅が出ると脳がノってきて、**NGだと思っていた領域の中に、NGではない素晴らしい切り口が見つかったりするのです。**

あるいは、同じく朝ごはんのコピーで「腹ペコだと、学校で喧嘩もできない。朝ごはん」は「暴力的だから」NGになるでしょうか。仮に100社のクライアントに提案したとして、100社すべてでNGになるとは思いません。しかし、このようなコピーは、「暴力表現はNG」と、「心の天井」をつくっている人からは絶対に出てこないのです。

コピーだけでなくアイデア発想でも、「心の天井」をつくってしまうことはよくあります。「寂れた商店街に100万円で人を呼ぶアイデア」というお題があるとします。このようなお題を考える時に、心に天井をつくってしまう人は「常識的に無理そうなアイデア」を考えません。100万円では有名人は呼べない、と考えてしまいます。商店街のすべての店舗を入れ替えるといった無茶な企画は通らない、とも考えてしまいます。でも本当にそうでしょうか。有名人だって、お金ではなく気持ちで動くことはあります。地元出身者なら無償で来てくれるかもしれません。また、実際にあるアイデアでいえば、商店街の商品すべてを100円にする100円均一商店街、というものや、商店街の店舗のほとんどを若者向け店舗に入れ替えることで活性化した例もあります。これらの素晴らしいアイデアも、心に天井をつくってしまう人からは出てきません。

では「心の天井」は、何から生まれるのでしょうか。

「心の天井」は、一般常識、そして経験から生まれてきます。人間は学習する生き物で、失敗を繰り返さないようにします。そのせいで「これは一般常識で考えて無理だろう」や「以前ダメだったから、ダメだ」と、「心の天井」をつくってしまうのです。したがって、社会人のほうが学生よりも「心の天井」をつくってしまいがちです。**社会人経験が長ければ長いほど、また、組織がしっかりしている会社の人ほど、「心の天井」ができます。**一方で、学生たちも「心の天井」をつくってしまいがちです。SNSの発達により、みんなの前ではなるべく出しゃばらない生き方をする学生も多いため、発想時にも「心の天井」を外せない人が多くなってきています。また、男性よりも女性のほうが真面目で「心の天井」をつくりがちです。

しかし、安心してください。**「心の天井」は、「意識」すればすぐに取り払うことができます。発想につまった時、いいアイデアが出てこない時に、無意識に「心の天井」をつくっていないか、を「意識」してみてください。**勝手に「これはないな」「これは怒られそう」「前ダメだったから」と思っていないかを考え、心に天井をつくっていたら、一度、外して考えてみてください。天井を外すために、無理にでもタブーや暴力、エロなどで発想してみるといいでしょう。これだけで、発想力は伸びます。最初は発想の幅が狭かったコピーライター講座の生徒たちも「心の天井」を取り払うようにアドバイスするだけで、すぐに見違えるようにアイデアが面白くなっていきます。

なお、**天井をすべて取り払って考えて浮かんだ案は、すべてメモしておいてください。**一度心の中で消した案を覚えておけるほど脳の容量は大きくありません。どんなレベルの案でも、とにかくすべて書き出しておけば後から案を見返すことができます。ＮＧな案がＯＫになるアイデアも生まれたりします。

くり返しますが、以前に失敗したとしても、次は成功するかもしれません。天井をつくらずにダメもとで行きたい道を挑戦してみることで、逆境が素晴らしいアイデアに変わります。

［公式17］
起死回生アイデアを考えるための「意識」②

＊

発想時は、一般常識や経験から生まれる「心の天井」を外すように意識する。無理だと思わずに挑戦してみる

発想力と実現力

この章の最後に、発想したアイデアを強くするコツを紹介します。それは、**発想したアイデアを想像したとおりに、あるいは想像以上に実現する力。**これを僕は「発想力」と対になる言葉として**「実現力」**と呼んでいます。

< 発想力 × 実現力 ＝ 生活者が目にするアイデアの強さ >

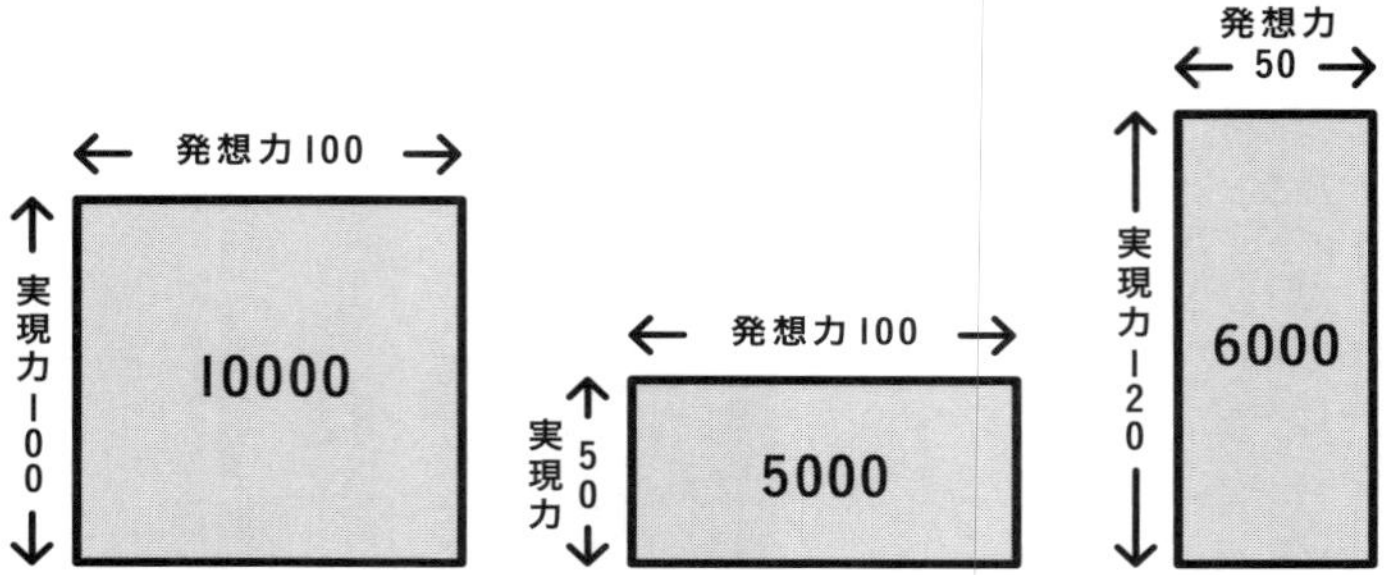

総面積が、生活者が目にするアイデアの強さ。「発想力」と「実現力」、チャンスは２回ある

「発想力」と「実現力」を掛け合わせた総面積が生活者が目にするアイデアや企画の強さになります。この総面積が広いほど面白く、効果が出るといえるでしょう。

仮に数式で表してみると、発想力が１００点満点中１００点、そして実現力も１００点満点中１００点だと、アイデアの面積は１００×１００で、１００００になります。一方で、発想力が１００で、実現力は50だと、アイデアの面積は５０００です。逆に、発想力は50だけど実現力は想像以上の１２０だと面積は６０００になり、発想力１００×実現力50＝５０００より面白いものになったりします。

ただ、実現力がないとダメ、というより、

「実現力」を高めれば「発想力」を補える、あるいはアイデアには発想以外に実現というもう1回面白くなるチャンスがある、と思ってもらえばいいでしょう。

以前、僕がとあるお菓子メーカーで実現した「SPACE AD」という施策があります（詳しくはYouTubeで調べてみてください）。とあるお菓子を宇宙人に向けて広告するおそらく世界初の企画だったのですが、チームの人間がものすごい「実現力」を発揮して、なんとJAXAの巨大パラボラアンテナを借りることができたのです。それによりアイデアは企画時より一気に面白くなりました。「実現力」を高めるとはたとえばそういうことです。

［公式18］
発想力を補完する
考え方

＊

アイデアや企画の強さ
＝発想力×実現力

では「実現力」を高めるにはどうすれば良いかというと、自分でなんとかしようとするよりも「実現力」を高める手段を知っている人をつかまえるのが一番早い方法です。

たとえば、最新テクノロジーに詳しい人、テレビCMを10万円でつくる手段を持っている人、あるいはいろいろな人脈を持っている人をつかまえる方法もオススメです。もちろん、この「実現力」を「意識」するだけでも「実現力」は高くなっていきます。

この章では、

・「売上げを増やすこと」から逆算してアイデアを考える
・「心の天井」を取り払うよう意識する

という2つの重要な「意識」に加えて、「発想力」を補完するもうひとつのチャンス「実現力」にも触れました。何度も言いますが、「意識」だけでアイデアのレベルは変わります。

「売上げを増やすこと」から逆算し、「心の天井」を外して自由に考えることでアイデアのレ

＜「結果」を出すことで、制約が少なくなる＞

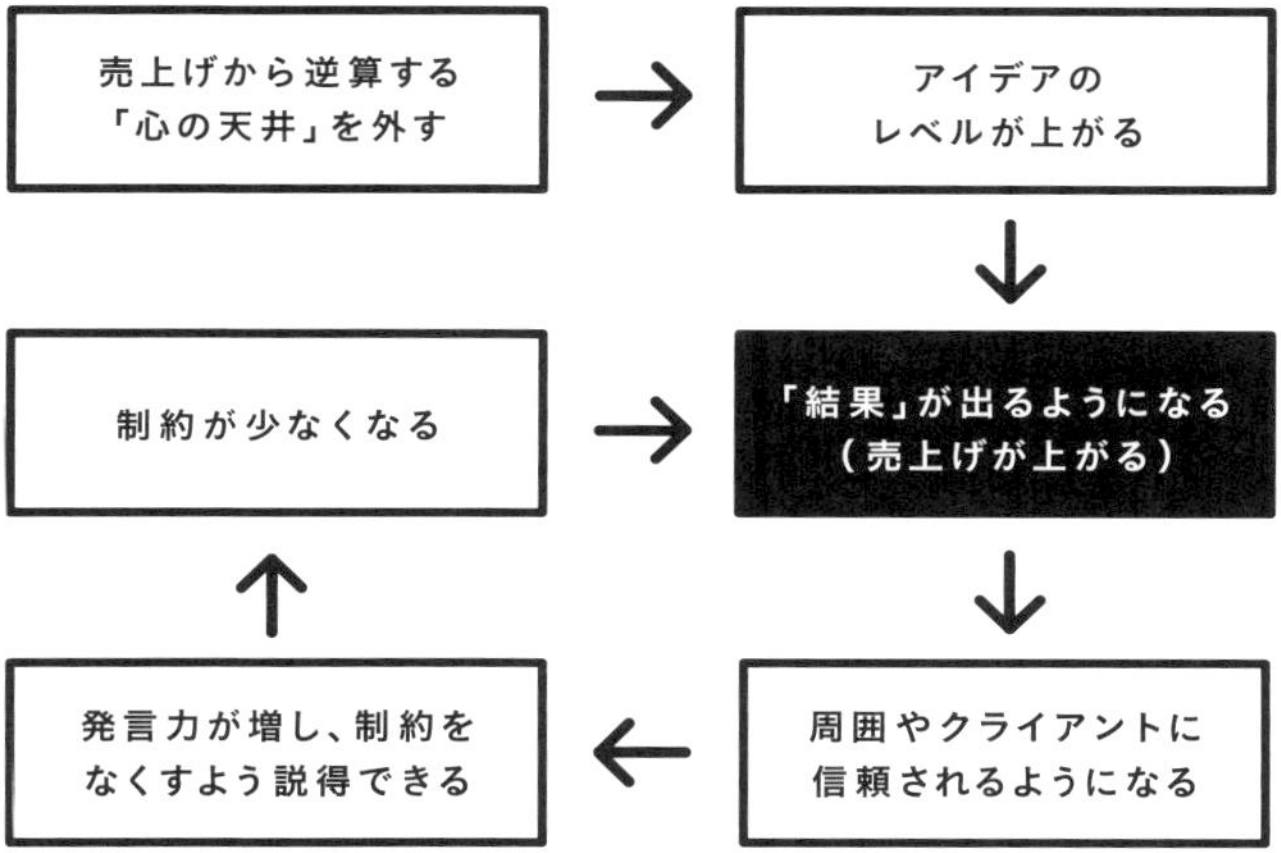

ベルが上がり、売上げを増やすという「結果」が出やすくなります。

そして、**「結果」を出すと信用されるようになり、発言力が増します。その結果、説得できるようになっていろいろな制約がなくなったりします。**そしてますます制約がなくなることで「結果」が出るようになり実現力が上がります。

このように、「意識」を身につけるだけで、社内事情などの制約をなくしていくこともできるのです。時間はかかるかもしれませんが、是非「意識」してみてください。それでは、この「意識」を心に留めながら、残りの2つの事例を読んでみてください。

第3章

崖っぷちのWebキャンペーン①

〜企画編〜

結果を出すＷｅｂ広告企画術

続いて紹介する事例は、森永製菓のＪＡＣＫ（以後、ジャック）というお菓子のＷｅｂキャンペーンです。このお菓子は、あまりに知られていないために売れず、逆境にあったお菓子でした。認知率はほぼ0％、「ひらパー」の真逆です。同じ森永製菓のハイチュウを担当していた縁で、この商品のキャンペーンを手がけることになりました。

この事例は「予算がない」、そして商品自体が崖っぷちで「すぐに結果を出さなくてはいけない」ことが制約でした。この事例では、「Ｗｅｂで結果を出すアイデア企画術」と「知ってもらうための戦略」を2章に分けて紹介したいと思います。Ｗｅｂ広告以外でも使える企画公式も多く出てきます。

まず、Ｗｅｂの企画をする前に、

その時点でのＷｅｂやＳＮＳの普及状況、そしてそれぞれのメリットとデメリットを冷静に

分析してください。

たとえばSNSがどれだけ発達しても、まだ全国民を網羅している訳ではありません。大阪や福岡ですら普及率は首都圏ほど高くありません。いまだにSNSは世代間・地域間の利用率に大きな差があります。ここにWebキャンペーンを考える時の最初の落とし穴があります。それは企画者や企業の人が、**自分と同じWeb生活を、日本全国の人々がしている、と考えてしまう**ことです。

僕はずっと東京の人間ですが、大阪に転勤した時にはじめて、東京とは違うメディア環境で人々が生活していることに気がつきました。いずれWeb利用状況の地域差は小さくなるはずですが、特にWebやSNSに関してはこまめに普及状況を把握しておかないと「結果」が出しにくくなります。

たとえば、全国規模で売上げを増やす仕事なのに、東京の感覚でSNSを中心としたWebキャンペーンにすると、望んだ「結果」が出なかったりします。インスタの利用者のみに届かせる、といったように、SNSの波及力の限界を認識したうえでキャンペーンを構築すると、期待した「結果」が出やすくなります。

さらに、もうひとつ陥りやすい落とし穴があります。**ＷｅｂやＳＮＳでは、自分と同じ趣味、同じような考え、同じような生活スタイルの人とつながることが多いため、自分の感覚は世の中の感覚と同じだと思いこんでしまうことです。**自分の意見や感覚が偏りすぎていないかを常に俯瞰してみると良いでしょう。誰が正しいか間違っているかではなく、広告で大衆を相手にする限りは、まずその時点でのメディア環境を冷静に分析することをオススメします。

また、僕はＷｅｂやＳＮＳを使った仕掛けをよくするのでＷｅｂ否定派ではありません。しかし、Ｗｅｂでは購入に結びつきにくい商品やサービスがあることも事実です。Ｗｅｂで何かすることを目的にするのではなく、あくまで売上げを増やすという最終目的のもと、最適なメディアを選択してアイデア発想を行うこともオススメします。

では、事例に入っていきましょう。

アイデアを発想する前に、商品の実力を客観視で判断する

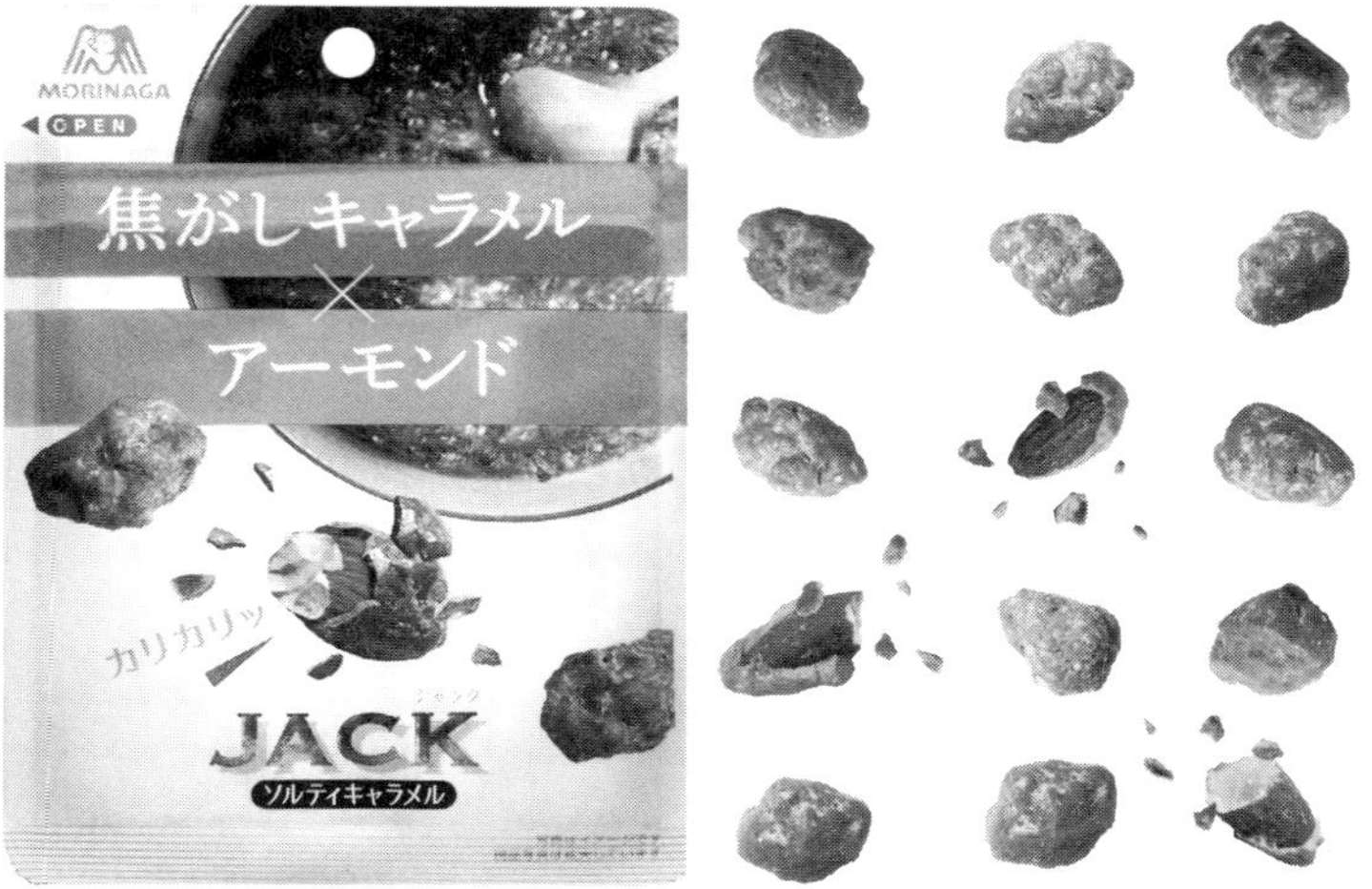

ジャックのパッケージと中身

ジャックは２０１４年５月に誕生した森永製菓の自信作でした。やや塩味のあるアーモンドを焦がしキャラメルでコーティングした袋入りのお菓子です。このジャック、とにかく美味しいのです。僕が担当しているから、ではなく公平な評価として「とにかく美味しい」商品でした。

企画やアイデアを発想するにあたっては、**必ず最初に商品やサービスの実力を冷静に判断してみてください。**

「ひらパー」であれば、実際に遊びに行き、「面白いのか」「普通なのか」「子供がいれば楽しいのか」を判断します。このジャックでいえば「かなり美味しいお菓子」なのか「それなりに美味しいお菓子」なのか「味の好き嫌いが分かれるお菓子」なのか「美味しくないお菓子」なのか、その実力評価を自分自身でおこないます。もちろん、生活者にリサーチしても構いません。しかし僕は自分自身を生活者のひとりと位置づけ、まずは自分の感覚で判断することにしています。その際、重要なのはことです。

徹底的に客観評価をするよう心がける

自分や自社が手がけた商品に対して絶対的な自信を持って疑わない人もいます。しかし、僕たちが生活者として生活するシーンを思い返してみるとわかりますが、生活者は企業の自信に関係なく、それが美味しいのかどうか、それが本当に便利かどうかを冷酷に判断して商品を購入します。

企画をする際も、生活者と同じ視点で商品を客観的に評価することが発想の第一歩になります。それでも、自分が関わる商品を冷静に評価できない場合があります。そんな時、僕はいつも、次のような客観視公式にあてはめてみます。

[公式19]

客観視をする思考法

＊

その商品を競合他社が売り出したならば、どういう感想を持つかを考えてみる

この公式はとても便利です。あくまで仮定なので、「競合他社はこんな商品を出せない」「商品名がこれじゃないはず」とは考えないでください。競合他社がその商品を出したと想像して食べてみると、より客観的な判断が下せるのです。

もし、他社の商品であっても「美味しい」と感じるならば、その商品は「本当に美味しい」と言えます。あるいは他社のクルマだったら「買わない」と感じたならば、実は「そんなに良いクルマではない」と言えます。

このように、**まず初めに自社商品や担当商品が客観視しても素晴らしいのかどうか、その実力を冷静に判断してください。**お菓子でいえば、客観的に美味しいか美味しくないかでアイデ

アも変わります。美味しくないならば味には触れない、といった具合です。一番危険なのは、美味しくないのに美味しいと世の中に言ってしまうことです。

良いものが必ず売れるわけではない

ジャックは、いま紹介した客観視の公式を試しても美味しいと感じたお菓子でした。しかし同時に、後にジャックの広告を企画するうえで重要なポイントに気づきました。**美味しいものが必ず売れるわけではない、という矛盾に、**です。

美味しいものが必ず売れるわけではないのは当たり前、と思う方もいるかもしれません。でも、それは業界の事情をよく知っているからかもしれません。世の中の生活者は、漠然と「美味しいものは売れる」と思っているはずです。

では、なぜ美味しいものが必ず売れるわけではない、と気づいたかと言えば、**ジャックが全**

く売れなかったからです。その美味しさで自信作として誕生したジャック。しかし、発売直後の広告キャンペーンが振るわず、まったく売れなかったそうです。その半年後に行ったリニューアルキャンペーンも振るわず、ますます不振に。二度の失敗で、自信作だったはずのジャックは逆境に陥ったのです。

僕たちは普段あまり意識しませんが、コンビニやスーパーに置かれた商品は短期間で目まぐるしく変わっています。売れている商品を一番目に入る棚に置いたり、時節に合わせて売れそうなものを最前列に置いたり、売れゆきが悪い商品の替わりに新商品を置いたり。このように、目まぐるしく変わるコンビニやスーパーの商品棚に自社の商品を置くべく、各メーカーは熾烈な営業活動を繰り広げています。そんな中、売れゆきが悪かったジャックは熾烈な営業活動に勝ち残れず、過去2回のキャンペーンではいずれも、1カ月ももたずに「棚落ち（商品が棚に置かれなくなること）」してしまったのでした。

そんなジャックに三度目のチャンスがやってきました。森永製菓のジャック担当の方々の「なんとしてでも売ってあげたい」という熱い想いが会社のトップを動かしたのです。ただし、そこにはある条件がついていました。

「今回の広告キャンペーンで売れなければ、ジャックは生産終了する」という条件が。

しかし会社からすれば当然の判断でしょう。売れないことで消えていった商品はこれまでもたくさんありました。むしろ三度目の機会が与えられたことが奇跡です。こうして、もう後がない状況で、ジャックの広告の競合プレゼンテーションへの参加依頼があったのです。

「たった一度きり」を利用する企画法

競合プレゼンのオリエンテーションおよびヒアリングの席で、僕は初めてジャックを口にしました。前述した客観視の公式を頭の中で使ってみても、ジャックは美味しかったのです。なぜこれが売れないのだろう、と思いました。森永製菓の広告担当者も、商品担当者も、同じ想いでした。

オリエンテーションの場では、さまざまなジャックの商品情報を得たのですが、この商品情報を知っていく過程においても、アイデア発想に役立つ公式があります。それは自分の意識変換ポイントをチェックする公式です。

［公式20］
意識変換ポイント
チェック法

＊

どの商品情報を知った時に、自分の意識が変わったか、を覚えておく

まず、商品情報を知る前に「その商品や企業に対して生活者として持っていたイメージや印象」を覚えておきます。そして、商品情報を知っていくにつれて、どの商品情報を知った時に「買わない→買ってもいい」「買ってもいい→買う」へと自分の意識が変わったかを覚えておく、という公式です。ある商品やブランドを担当する時、アイデアを考えたり企画をする人の立ち位置は徐々に変わっているのです。

①　担当する前の立ち位置は「生活者」

その商品をよく知らない、あるいは生活者として知っている程度の状態です。すでに商品を使っていた、ということもあるでしょうが、生活者の率直な意見を持っています。開発者か経営者以外は全員、最初にこの立ち位置にいます。

②　商品について知っていく「商品情報初心者」

オリエンテーションで商品説明を受けたり、自分で調べたり、食べてみたり、クルマであれば乗ってみたり。情報をインプットしていくことで、「生活者」から「商品情報を少し知っている初心者」へと立ち位置が変わっていきます。

③　商品についてかなり詳しくなる「セールスマン」

商品について詳しくなると、生活者とは対極に位置します。すっかりその商品が好きになったり、詳しく説明もできたり、いわば「セールスマン」の立ち位置になります。

アイデアや企画を考える人は、商品の情報を知るにつれて①から②、②から③へと立ち位置を変化させていきます。この中で、**公式として使うのは①から②への過程**です。

まず、新しく商品を担当することになった時、①の生活者の立ち位置でやっておいてほしいことがあります。それは、**自分が普通に生活する中でその商品に対して抱いていた率直なイメージや印象を嘘偽りなくメモすること。**CMで見たことはあるけれど買ったことはない、こういうイメージだった、興味がなかった、一度使ってみて○○な印象を持っていた、存在すら知らなかった、というメモです。イメージや印象と同時に、**その商品を買いたいと思っていたか、買ってもいいと思っていたか、買いたいとは思わなかったか**、心の中の3つのフォルダのどこに入っていたかも嘘偽りなくメモしておいてください。

次に、オリエンテーションを受けたり、自分で食べてみたり、試乗してみたり、調べてみたりして②の商品情報初心者になっていく過程において、**生活者の時に抱いていたイメージや印象が、どの情報、どの行為**（**食べてみる、など**）**で変わったか、どの情報を知った時に、買ってもいい、買いたいと思ったか**をチェックしてください。くれぐれも本音でお願いします。

なぜこの①から②への過程をメモする必要があるかというと、**①から②への過程はたった一度しか存在しないから**です。

①は生活者として情報に接している状態。②は商品情報を知ってしまっている状態。一度商品情報を知ってしまうと、どんなに望んでも、①の状態には戻れません。だからこそ、**①から②になっていく一度きりの過程での心の動きを、きちんと覚えておく必要がある**のです。

広告は生活者に届かなくては意味がなく、かつ、生活者に「購入する」という行動まで起こしてもらわなくてはいけません。自分が生活者の立ち位置の時に、その商品が「買う」「買ってもいい」「買わない」の心の中のフォルダのどれに入っていたか、その答えは、世の中の生活者の感覚と一番近いと言えます。それから、商品情報を知っていくにつれ、**どこかで「あ、買ってもいいな」と思う瞬間があれば、そのポイントで生活者もそう感じる可能性がありま す。そしてその情報を生活者に届けるためのアイデアや企画を考えると「結果」が出るアイデアになりやすい**のです。

たとえば、生活者の時はその商品に関心がなかった。でも、値段を聞いたら「買ってもいい」と思った場合、値段という情報を知れば「買ってもいいフォルダ」に入ることになります。すると、**この商品は、生活者に値段をちゃんと告知すれば（広告や企画の最終目的である）売上げにつながる、**という戦略ができます。

あるいは、特別にこだわった製法でつくられたと知ったら「買ってもいいフォルダ」に入った。であれば、**生活者に製法を知ってもらえば「買ってもいいフォルダ」に入り、売上げが増える**という戦略ができます。そこから先は、どうすればその製法がより多くの人に伝わるか、というアイデアをたくさん考えていけば良いのです。◯◯という製法があります、と実直に伝えてもいいです。あるいは、通常の製法でつくった場合と特別な製法でつくった場合だとどれだけ商品の味が変わるのか、という検証動画をつくってもいいでしょう。

このように一度しかない過程の中に、「結果」を出すアイデアのヒントは眠っています。自分ではなく、他人がどの情報を聞いて「買ってもいい」になったか、をヒアリングする方法もあります。ただし、**どんな情報をインプットしても「買わないフォルダ」から移動しないことだってあります。その場合は、次に説明する「理想型企画法」を試してみてください。**

強力な企画ができる「理想型企画法」

もうひとつの強力な発想公式を紹介します。これは「ひらパー」の「目隠しライド」発想時にも使い、他の企画でも僕がよく使う企画法、**「理想型企画法」**です。

「理想型企画法」とは、名前の通り**「その商品やサービスやブランドがどのような理想型になったら買うか・足を運ぶか・サービスを利用するか」**、という理想型を考えてみる発想法です。ジャックであれば、**「ジャックがどういうお菓子なら自分は買ってもいいと思うか？」**を考えるのです。くれぐれも天井を外した「自由な発想」で、しかも「それならば買う」とあなたが本心で思う理想型をいくつも考えてください。理想型なので到底実現しない無茶なものでもいいです。「0円だったら買う」でも大丈夫。そこに企画のヒントが眠っているからです。

もちろん、「本当に美味しければ買ってもいい」という当たり前の理想型でも大丈夫です。

［公式21］
理想型から考える
企画発想法その①
理想型を考える

＊

「買ってもいい／行ってもいいフォルダ」に入るような理想型を自由に考えてみる

次に、考えた理想型を分解します。**出てきた理想型を分解して、どんな「要素」があれば「買ってもいい」と思うのか、を発見する作業**です。

たとえば「本当に美味しければ買ってもいい」という理想型を分解すると、広告で美味しいと言っているかではなく**「実際の美味しさが重要」**になります。であれば、そもそもジャックは美味しいので、とにかく食べさせればいい、あるいは食べた人が美味しいと言っていることを知らせればいい、という手段が生まれます。ここから先は、その手段を満たすアイデアを考えていきます。するとたとえば、広告をせず、広告予算をすべて無料サンプリングに使う、というアイデアにつながっていきます。

あるいは「0円だったら買う」という理想型の場合、要素を分解すると、**購入へのネックになっているのは値段だ**ということになります。

では、0円ではなく50円なら買うか？ 80円なら買うか？ と値段を変えながら検証します。0円でなくても買うけれど、いまの値段は高い、ということであれば、値段が妥当だ、と感じさせるために、アーモンドを細かく砕いて、食べ終わるまでにかかる時間を延ばして満足感を増やす、といったアイデアも考えられます。あるいは、もっと値段の高いものとの脳の満足度を比較して測定し、「この値段でも妥当だと広告で伝える」、というアイデアも考えられます。
くれぐれも、商品に手は加えられないといった「心の天井」は外して自由に理想型を考えてみてください。

このように、「こうだったら買う」という無茶な理想型を考えて分解していくと、売上げを増やすために満たすべきポイントが見えてきます。中には、そのポイントが2つあることに気づくこともあるでしょう。それであれば、その2つを満たすことを狙いにします。

［公式21］
理想型から考える
企画発想法その②

＊

考えた理想型を分解し、
買ってもらうためのポイントを抽出する

これが、「理想型企画法」です。この企画法のメリットは、**強力な企画が出てきやすい**ことです。公式20の「意識の変換ポイントチェック法」でも企画の糸口が見つかります。ただ、どちらかといえば、意識変換ポイント法は「正しい」手段を発見する企画法で、「理想型企画法」は無茶な理想型から発見していき、通常では考えつかない切り口を発見する企画法です。「ひらパー」では「理想型発想法」を使いました。「ひらパー」がどうなれば行ってもいいと思うか（2つ目の行く理由）、と理想型を考えて出てきたのが「ひらパーにものすごいアトラクションができれば行ってもいい」でした。ここから、お金をかけない世界初のアトラクションを考え、「目隠しライド」につながっていったのです。

この本では、様々な企画法を紹介しますが、どの仕事にどの企画法を使うかは自由です。いろいろ試すことで企画の幅を出してください。

この国のほとんどの仕事は予算が制約になる

当然、「ジャックがどうだったら買うか」と「理想型発想法」でも考えてみました。ジャックが無料になれば買う、と考えました。ただし、僕はジャックを実際に食べ、その美味しさを実感しています。そしてこの美味しさならば買ってもいい、と意識変換ポイントも見つけました。「意識変換ポイントチェック法」と「理想型発想法」の両方で考えたうえで、今回は「はじめはジャックに興味もなかったけれど、ひと粒食べたら買ってもいいに変わる」という「意識変換ポイントチェック法」をベースにアイデアを考えることにしました。

ジャックの置かれた逆境とここまで考えた過程を簡単にまとめてみます。

・焦がしキャラメルでソルティアーモンドをコーティングしたお菓子「ジャック」。

とても美味しいが、過去のキャンペーンの失敗もあり認知はほぼ0％。

次売れないと終売、の危機に瀕している

・ミッション：ジャックをとにかく売ること（売上げを増やす）
・そのための手段：美味しいので、ジャックを一度食べてもらう（また買いたくさせる）

となります。先ほど、一度だけ食べてもらうために広告予算をすべて無料サンプリングに使うというアイデアを書きました。これは、一度食べてもらうには非常に有効なアイデアです。無料で配ればさすがに食べてもらえるでしょう。そうすればジャックの美味しさに気づいてもらえます。ただ、このアイデアは、とてつもない量の無料サンプリングをすることで初めて効果が出るもので、予算が必要です。が、終売の危機に置かれているジャックは「**崖っぷち**」「**絶対に売らないといけない**」**という制約以外に、予算がほぼないという制約もあったのです。**

予算が潤沢な仕事もあります。が、感覚だけで言うとこの国の仕事の90％以上が「予算がない仕事」に該当するのではないでしょうか。**つまり、アイデア発想の制約のほとんどは「予算がないこと」になるはずです。**二度のキャンペーンに失敗したジャックも例外ではありません。担当者がなんとか捻出してくれたキャンペーン予算は……**1000万円**でした。

1000万円はむしろ予算が潤沢だ、と思われるかもしれません。僕自身ほぼ0円に近い予算で広告をすることもあります（その場合はＰＲの拡散を使います）。が、ジャックは全国で売られている商品であり、全国で売らなくてはいけない商品です。そう考えれば予算は少ないと言えるでしょう。この本に出てくる事例の中では一番少ない予算です。

ということで、予算制約を考慮すると無料サンプリングは効果を見込めません。しかし、美味しいと知られればきっと売れるので、ジャックを一度食べてもらうという手段で、他のアイデアを考えることにしました。

無料サンプリングはできないので、**一度食べてもらうためにはジャックを買ってもらわなくてはいけません。**しかし「ジャックを買ってもらう」は「ジャックを知ってもらう」と比べて格段に達成難易度が高くなります。買ってもらうために、まず「ジャックを知ってもらう」とすることもできました。知ってもらえば、その中の何%かの人はジャックを買ってくれるからです。

しかし、ジャックには時間との闘いという制約もあります。キャンペーンの最初で売れないとすぐにコンビニやスーパーから棚落ちしてしまうため、知った人の何%かがいずれ買うだろう、ではダメなのです。どんなに難しくても「ジャックをすぐに買ってもらう」を達成しなくてはいけなかったのです。こうして、

最終目的：ジャックの売上げを増やすこと
←（意識変換ポイントチェック法）
そのために：とても美味しいので一度食べてもらえば「買ってもいいフォルダ」に入る
←
そのために：効果が上がる大量の無料サンプリングは予算的にできない。
「商品を知ってもらう」でもダメなので「買ってもらう」を目指す

と最終目的からの逆算で、広告で満たすべき手段まで設定できました。当たり前のことに辿りついたように見えますが、この逆算の過程をひとつずつ踏むことで、頭の中が整理できます。また、ここまでが仮に「当たり前」だとしても、これから先、発想を大きくジャンプさせるポイントはあります。

「発想をジャンプさせる」ことは、第一歩から飛ぼうとしたり、無理やり飛躍したりすることではありません。最終目的から逆算した手段や手法という地面をしっかりつくってから飛ぶことによってクリエイティビティと結果が両立できるのです。逆算をせずに目標を設定したり、面白いだけのアイデアをまず考えて、そこに戦略を後づけして、さも最初から考えたようなプレゼンにしたりする、といったよくあるやり方では、残念ながら「結果」を出す確度を下げることになってしまいます。

では、どうすれば1回だけでもジャックを買ってくれるでしょうか。そのヒントとなったのが、

「美味しくても売れるわけではない」というオリエンテーション時の気づきでした。そう気づいた僕は、**なぜジャックは美味しいのに売れないのか、という理由を探すべく、もうひと粒ジャックを食べてみました。**そして、結果的にこの行動が重要なブレークスルーのポイントとなりました。

僕はなぜジャックをもうひと粒食べたのでしょうか。仕事だから、ではありません。この行動をとった理由を考えました。そして、人々を行動させる（ここでは人に食べさせる）強力な公式を見つけたのです。

［公式22］
人々を行動させるツボ⑥

＊

人は、一般常識とは逆の情報に接すると、その理由を確認したくなる（確認行動が生まれる）

あなたもそうならないでしょうか？　たとえば「ものすごく面白い遊園地、でも倒産間際」と聞くと、なぜ？　何がいけないの？　と思ってその理由を知ろうとします。実際にその遊園地に足を運ぶ人もいるはずです。「まずいのにロングセラー」も、一般常識とは逆なので人々の関心を集め、その理由を確かめるための行動を生みます。

このように、**接した情報が世の中の一般常識と逆だと、人々は確認行動を起こします。ネットで理由を調べることも確認行動のひとつです。さらに、確認した理由や感想をSNSに書き込みたくなるので、拡散行動も加わります。**こう考えてみると、ネットニュースのタイトルのつけかたも、同じです。一般常識とは異なるタイトルを見ると、つい中の記事を読みます。これも確認行動で、それをSNSで拡げるのが拡散行動です。

幸運にも（?）、ジャックも一般常識とは逆でした。「美味しいのに売れない」のです。したがってこれを世の中に伝えれば、購入という確認行動まで起こせるのではないか、と考えたのです。そこから考えたジャックのキャンペーンコピーが……

美味しいのに、崖っぷち。
次売れなかったら終売。森永製菓ＪＡＣＫ

でした。「美味しいのに売れない」ことを伝えるだけでなく、「次売れなかったら終売」というジャックが置かれた厳しい状況もあえて世の中に出してしまおうと考えたのです。「崖っぷち」という単語は、メディア受けする単語をよく知るPR会社マテリアルの中川くんと裏垣くんが提案してくれたものです。繰り返しになりますが、このキャンペーンコピーは２つの狙いでできています。

狙い①　一般常識とは逆の情報を伝えることで、確認行動を起こす

「美味しいのに、崖っぷち。」という一般常識と逆の情報に触れると、「え、なんで？」「何がいけないの？」と理由を確認しようとします。そして、そのお菓子がコンビニに置いてあったらどうでしょうか。1回ぐらいはお試しで買ってみる人もいるはずです。

この心理行動が**ジャックを「1回買ってもらう」ために発見したツボ**でした。

狙い② 通常、企業内にとどめておくべき情報をあえて暴露して、「驚き」をつくる

通常、大企業であれば、自社の商品が売れないというマイナスの情報を、生活者には伝えません。自社の努力が足りなくて売れなかったことを世の中にわざわざ伝えることになるからです。が、そこにあえて踏み込むことで「驚き」が生まれます。大企業であればあるほど、その姿勢が世の中の驚きとなり、話題や拡散力となります。

世の中の企業が失敗を公表することを恐れているので、あえて公表することは「驚き」になります。ただし、そもそも生活者からすると企業の事情など「知らんがな」です。そこでそんな生活者を巻き込むためにコピーが重要になります。

「美味しいのに、崖っぷち。」と言い切ることで、あえて事実を淡々と伝える文体にしていま

す。たとえば「助けてください。美味しいのに、崖っぷちなんです。」という「弱々しい」人格を言葉に込めてみるとどうでしょうか。おそらく「自分のケツは自分で拭け」と言われたでしょう。少し勢いのある人格を加えて「美味しいのに、崖っぷちだぜ。」だとどうでしょうか。少し、「流行らせよう感」「ドヤ感」がでます。それを嫌がる人もいるでしょう。もちろん広告コピーに不正解はありません。すべてに一長一短があり、僕が書いたコピーよりいい言葉もきっとあるでしょう。でも、**企業の事情を外に出す時は、独りよがりにならないように意識をする**というポイントも覚えておくと役に立つはずです。

なお、このキャンペーンコピーで一番重要なのは「美味しいのに」です。広告をよく知る森永製菓は「美味しいと言ってほしい」とは言いません。しかし一般常識と逆の情報を伝えるためには絶対に外せない単語でした。ただし、「美味しい」と使う時には注意が必要です。実際が美味しくないと逆ＰＲ（ネガティブな口コミ）が発生してしまうからです。

アイデアを何で伝えるか、を考える

ここまでのジャックのアイデア発想の道筋はこうなります。

①ミッション：ジャックの売上げを増やすこと
②そのために：とても美味しいので一度食べてもらえば「買ってもいいフォルダ」に入る
③そのために：すぐに結果を出さなくてはいけないので「商品を知ってもらう」では足りず、すぐに買ってもらわなくてはいけない
④そのために：「常識とは異なるものを伝えて確認行動を起こす」「社内事情をあえて外に出して話題化する」
⑤そのために：「美味しいのに、崖っぷち。次売れなかったら終売。森永製菓ＪＡＣＫ」というキャンペーンコピーに

そして、購入を加速させるためのキャンペーン構造はこうでした。

①「美味しいのに、崖っぷち。次売れなかったら終売。」というコピーとスタンスで話題にする

② 「美味しいのに、崖っぷち。」を聞いた生活者は、一般常識と逆の情報なのでその理由を確認するべくジャックを購入

③ ジャックを口にした人は周囲に「美味しい！」と拡散してくれる

④ それを見た人がまたジャックを買ってくれる

こうして、どうやって購入してもらうかの構造はできたので、ここからは、**どんなメディアで、どんな方法で「美味しいのに、崖っぷち。」を一人でも多くの生活者に知ってもらうかを考えます。** しかし予算は1000万円。テレビCMはできません。予算だけ考えれば、電車の中吊り広告や駅貼り広告はできます。しかし、ここで考慮すべきは、ジャックは全国のコンビニに置かれる商品だということ。交通広告では全国津々浦々を網羅できません。**そこで、**

・全国規模の商品である

・予算が少ないため話題化して情報を拡散したほうがいい

という2点からWebキャンペーンを実施することに決めました。 このように、アイデアをどのメディアで伝えるか、を考えることもとても重要です。最初からメディアが指定されていることもよくありますが、**本来はアイデアが先にあり、そこからメディア選定が理想です。**

Ｗｅｂは低予算でも「結果」を出せる可能性のあるメディアです。特に予算が制約になっている場合はＷｅｂメディアを選択する手もあります。ただし、Ｗｅｂは非常に特殊なメディアでもあり、動画が多く再生されても商品が売れない、といった悩みも多く見られます。ここからは、「結果」を出すＷｅｂキャンペーンや動画の企画について触れていこうと思います。

Ｗｅｂ企画で意識するべきＷｅｂ話法とは？

まず大前提として、本来、自分の興味ある情報だけを見る「パーソナルメディア」のＷｅｂと、自社や商品についての情報を伝える広告との相性は良くありません。アイデアを考える側の僕たちですら、生活者としてＷｅｂ広告にイライラした経験はあるはずです。そんなＷｅｂ

でアイデアを考えるにあたり、知っておくべき2つの基本的な発想スタンスがあります。

基本的な発想スタンス①　「Webならではの話法」に沿うと良い

Webは数あるメディアの中でも一番個人的なメディアです。発信者も個人的な発信をおこない、生活者も自分が興味のある情報、自分の趣味などの情報を見ます。そんなWebには多くの人に見てもらえる「Webならではの話法」がいくつかあります。Webでは企業が伝えたいことを押しつけてもなかなか見てもらえません。Web話法に沿って届けると、最後まで見てもらいやすくなります。

Webで好まれる代表的なWeb話法として「**MAD**（**狂っている**）」「**エクストリーム**（**無茶なこと・命を懸けた挑戦**）」「**パロディ**」があります。

MADとは、わざと理解不能な動画やキャンペーンにすることです。エクストリームは、命を懸けたり無茶なことに挑戦すること（ユーチューバーがよく挑戦しています）。パロディは権利などの事情を抱える広告業界ではなかなか実現できない手法ですが、僕の作品で言えば「ひらパー」のポスターで映画「永遠の0」をパロディした「たいくつな時間0」、や味の素でつくった「壁ドン」のパロディの「鍋ドン。」などです。ひとつずつ権利をクリアします。

基本的な発想スタンス② Webを見る生活者にとって、広告業界のタブーや「大人の事情」は関係ないことを理解する

広告にはさまざまな事情やタブーがあります。クライアント内部でもありますし、タレント側にもあります。たとえば、クルマのテレビCMでは法令遵守が絶対の規則です。事故を想起させたり、法令違反を助長したりするような表現はできません。でも、Web動画の中では一般人が撮影した、広告では許されない走りをする動画がたくさん存在し、人気を集めています。またカーチェイスが出てくる映画やドラマも当たり前のように視聴されています。広告にタブーやルールがあることは仕方ないことかもしれませんが、生活者はいろいろな事情など考慮してくれません。シンプルに見ない、という行動にでるだけです。従って、もし**タブーや事情を排除できれば、受け入れられやすくなるのです。**

大前提としてWebは特殊なメディアなので、テレビを中心とした広告づくりのスタンスとWebでの広告づくりのスタンスは分けて考えなくてはいけません。テレビCMをWebで流

してもなかなか効果が出ないのは、テレビCMは批判を避けるテレビのルールに沿っているから、そしてテレビとWebでは見る人の視聴態度も情報選択方法も違うからです。まずはWeb話法に包むだけでもWeb広告の効果は大きく改善します。

なお、Web話法を自分の中に染み込ませるためには、多くの話題動画や炎上動画、炎上コメント、話題にならなかったけれど面白い動画などをいろいろ見ておくといいでしょう。どういう時に炎上し、どういうものが話題になり、どうなると無視されて、どう広がっていくのか。それを分析しながら見ていくと、自然と感覚を磨くことができます。

3つのWeb企画法

では、Webでは広告界のタブーや事情は考慮されないこと、そしてWeb話法に包むことで見てもらいやすくなることを知ったうえで、Web広告ではどのような企画法があるのでしょうか。僕がオススメする公式は3つあります。

［公式23］
Webでのアイデア
発想法①

*

「MAD」「エクストリーム」「パロディ」などWeb話法に沿って企画をする

たとえば、企画をわざとMAD（理解不能）にしてしまうこともひとつの企画法です（2015年に話題となった滋賀県のWeb動画もこのジャンルです）。伝えたいことをひとつに絞ってそれを理解不能なリズムで連呼することもMADのひとつです。あるいは商品を使って命を懸けた挑戦をする動画をつくる方法もあります（エクストリーム）。

一瞬、アイデアが浮かびにくそうな印象を受けるかもしれませんが、たとえば「美味しいのに、崖っぷち。」を伝えるMADな動画を考えてください、と言われれば何かしら考えられるのではないでしょうか。この発想法は思った以上に役に立つはずです。Web話法に包むことでより届きやすくなります。そして2つ目の公式です。

［公式24］
Webでのアイデア
発想法②

＊

タブーや制約、事情を外して企画する

第2章でも「心の天井」を外して発想すると言いましたが、この「天井を外す」発想は、Webキャンペーンや Web動画におけるアイデア発想法とも非常に近いのです。**制約や抱える事情、タブーを認識したうえで、あえてそれらを外して自由に考えてみると、Webでも振り向いてもらえるようなアイデアになります。**ジャックのように、次売れなかったら終売、という裏事情を世の中にオープンにするのもタブーや事情を外すアイデアです。Web企画において最も重要な公式だと言えるでしょう。

なお制約や事情を外す必要性を、社内やクライアントに理解してもらわなくてはいけませんが、Ｗｅｂならではの特徴を根気よく説明しつづけていくといいでしょう。幸運にもジャックの担当者はＷｅｂをかなり理解してくれていました。では３つ目の公式です。

［公式25］
Webでのアイデア発想法③

＊

見てもらうために、拡散されるために、見た人の感情を早めに動かすようにする

パーソナルメディアであるＷｅｂにおいて、生活者は興味がなくなった動画やサイトの見切りが非常に早いのが特徴です。面白そうと思ってアクセスした動画やサイトを数秒で消したといった経験は誰にでもあると思います。Ｗｅｂは、自分で情報を取捨選択するメディアだからです。**そのため、Ｗｅｂでは、泣けそう、面白そう、笑えそう、怖そう、気持ち悪そう、モヤ**

モヤする、など見た人の何かしらの感情を早めに動かすことを意識するのがポイントです。動画であればはじめの数秒で最初の山をつくり、サイトであればトップページの一番上で感情を動かすことを意識します。いろいろな広告賞の審査員としてたくさんのWeb動画を見ていても、最初の数秒で心を掴むWeb動画はまだ少ないのが事実です。早めに何かしらの感情を動かすことができると、続きを見てもらう率が増します。それだけで拡散のチャンスも広がり、効果も生むことになります。

SNSのつぶやきや書き込みは、感情が動いた軌跡である

また、Webだけでなく全ての企画の重要なポイントとして、**何かしらの感情を動かすと最初に決め、その感情を徹底的に刺激すること**が挙げられます。泣かせたいなら徹底的に泣かせる。笑わせたいなら徹底的に笑わせる。最後に驚かせたいなら、最初はあえて他の感情を動かすようにする。など、企画するときに動かす感情を決めて徹底的にその感情を刺激するような

アイデアを発想してみてください。

Ｗｅｂの企画で重要なのは拡散していくことで、それに欠かせないのがＳＮＳですが、**ＳＮＳのつぶやきや書き込みの多くは、その人の感情が動いた軌跡**なのです。Ｗｅｂと相性が悪いＷｅｂ広告でも、見ている人の何かしらの感情を動かせれば「これ面白い」「これ狂ってる」「これイラつく」などのつぶやきや書き込みとともに拡散していきます。だからこそ、**何かしらの感情を動かすことから考えられたアイデアや、感情を早く動かすアイデアを考えてみてください。**なお、感情とは、喜怒哀楽だけではありません。人の感情は無限にあり、イライラ、不気味、気持ち悪い、かわいい、かっこいい、驚いた、なども感情のひとつです。

ジャックで動かすべき感情は何か

では話を戻して、「美味しいのに、崖っぷち。次売れなかったら終売。」というコピーで展開するジャックのＷｅｂキャンペーンでは、どんな感情を動かせばいいのか、を考えました。やや面白いという感情を動かそうと思うなら「美味しいのに、崖っぷち。」を明るく伝えるのがいいでしょう。すると、追いつめられているのに、なぜ楽しそうなんだ？　となり「面白い」という感情が動きます。あるいはジャックの逆境を知ってもらい「怒り」の感情を動かす方法もありました。つまり、ジャックを終売にしようとする会社を悪者にしてしまうのです。そしてここでも、どの感情を動かすと一番売上げが増えるか、を考えました。その結果、「かわいそう」×「頑張る」を刺激して応援したくなる行動をつくろうと決めました。

［公式26］
人々を行動させるツボ⑦

＊

「かわいそう」×「頑張る」
何度負けても立ち上がる姿を、人は応援する

これは、同情ではなく日本人に備わっている判官びいきの感情です。近いのは、甲子園に出場した弱小校を応援してしまう感情でしょうか。ジャックは二度もキャンペーンに失敗しています。すぐに棚落ちもしました。それでも立ち上がって3回目に挑むのです。甲子園に挑む弱小野球部のようなバックストーリーを世の中に伝えることで「かわいそう」×「頑張る」の感情を刺激し、応援行動を起こそうと考えました。「結果」を出すことから感情を考えたと言いましたが、**「頑張る弱者を応援する感情」は購買行動に結びつきやすく、**ジャックのように**「すぐ結果を出さなくてはいけない時間制約」がある時に有効なのです。**

ジャックのアイデアには、この「頑張る弱者を応援する」以外に、前述したように、一般常識と逆の情報を届けて理由を探してもらう「確認行動」も入っています。ひとつの仕事に人々を行動させるツボをいくつ入れても大丈夫です。「中心となるアイデアはひとつ」とも言われますが、人々を行動させるツボは複数入れたほうが多くの人が動きます。複数入れなくてはいけないわけではありませんが、どのツボで動いてくれるかはわからないため、「ひらパー」にもこれでもか、というぐらいツボを詰め込んでいます。

こうして、**「美味しいのに、崖っぷち。」「次売れなかったら終売」「何度負けても頑張る」という情報を伝えることをキャンペーンの中心にして、Web上にキャンペーンサイト「美味し**

「美味しいのに、崖っぷち。」キャンペーンサイト。画面下部に失敗の歴史を掲載
（CD・C・企画：河西智彦　サイトディレクション：石川雅雄　サイトデザイン：中島淳志）

いのに、崖っぷち。サイト」をつくりました

（今はキャンペーン終了のため見られません）。正式な商品サイトはあったので、ジャックの裏サイトという位置づけにしました。

このサイトのトップでは、普通は絶対に知らせることのない、ジャックの失敗をつまびらかに説明しました。同時に、美味しいのに今回売れなかったら終売であることも伝えました。

Ｗｅｂサイトの冒頭でなぜ失敗を説明したかと言えば、公式25「見た人の感情を早めに動かしたかったから」です。後に、競合企業からもこのキャンペーンに対して森永製菓宛に賞賛の声が届いたそうですが、自分たちの失敗を明らかにできる懐の深さがポイントでした。実際、社内では失敗を公表することに対して多くの議論があったようです。それでも、ジャックのために、と説得し続けてくれたジャックの広告担当者と商品担当者、広報担当者、そして許可をしてくれた方々、すべての努力と決断がこのキャンペーンをつくりあげたと言えるでしょう。

サイトが閉鎖されているので紹介しますが、この「美味しいのに、崖っぷち。サイト」の冒頭は、こうはじまっています。

次売れなかったら終売。
〝美味しいけど崖っぷちお菓子「ＪＡＣＫ（ジャック）」〟

２０１４年５月新発売。食べた人はみな美味しいというものの……売れず……
２０１５年１月再起をかけリニューアル発売。しかし……またもや売れず……
そして２０１５年11月10日。今回売れなければ販売が終了してしまう
〝崖っぷちお菓子「ＪＡＣＫ（ジャック）」〟が再度リニューアルをして最後の闘いへ……

ここは、そんな「ＪＡＣＫ（ジャック）」の裏サイト。
ひとりでも多くの人に知ってもらいたい……そんな想いを込め、食べれば絶対に絶対に絶対に美味しい「ＪＡＣＫ（ジャック）」が「やけくその闘い」にでます。

このサイトに来てくれた人が、近くのコンビニでひとり50袋でも食べてくれたら……
このサイトに来てくれた人が、嘘でも「ジャック美味しいよ」と友人に伝えてくれたら……
このサイトに来てくれた、たまたまフォロワーの多い人がＪＡＣＫがんばれ」と応援tweetしてくれたら……

私たちはそんな奇跡が起こることを願ってやみません……

さらに、失敗だけでなく頑張る姿も届けないと応援されません。そこで、頑張る姿を伝えるコメントとして「（ジャックの商品）担当者Ｆからのお願い」も載せました。僕は担当者Ｆさんが書いてきた文章を修正することはしませんでした。修正箇所がそもそもなかったというのもありますが、熱い担当者の「熱量のある、生きた言葉」を届けたかったからです。

当社のキャラメル技術を活かした渾身の大型商品として昨年春発売した「ジャック」。
私はもちろん、開発チーム全員の自信作です。

ご購入いただいたお客様からは
「ハマった！」「まとめ買いした」「どうしても食べたくてずっと探している」
など大変うれしいお声をいただいているにもかかわらず、
なぜか売れない残念な商品です（泣）。

これが3度目の発売、
社内では本部長（一番えらい人）に最後のチャンスと囁かれ、
藁にもすがる思いです。

いえ！決してあなたを藁呼ばわりしているわけではありません。

絶対においしいので、一度だけでも食べてください。

どうでしょうか。手前味噌で恐縮ですが、まったく知らないお菓子であっても「美味しいのに、崖っぷち。」というコピーを知り、過去の失敗を知り、それでも頑張る姿を知ると、少しくらい興味がわくのではないでしょうか。このお菓子がコンビニに置いてあったら、試しに一袋くらい食べてみたくなりませんか。

たとえ予算の制約があっても、人を行動させる設計はできるのです。**「確認行動」や「頑張る弱者を応援する行動」など、こうすれば買ってくれる・来てくれる・利用してくれるという『人々を行動させる**（購入させる・来場させるなど）**ポイント』を見つけてください。そこからその行動を起こさせるために必要な情報を決定していけば、Web広告でも「結果」は出ます。**

Web広告の構造は行動してもらうための情報量で決める

ジャックの事例は次の章にも続きますが、この章の最後に、ジャックのＷｅｂキャンペーンでなぜキャンペーンサイトを中心においたのか、そしてＷｅｂ広告の構造はどうやって決めれば良いのか、を解説します。Ｗｅｂキャンペーンの構造は大きく5タイプに分けられます。

①　サイトに来訪させる広告

生活者に自分の意志でキャンペーンサイトにアクセスしてもらうＰＵＬＬ型（引き込み）広告です。サイトに多くの情報は載せられますが、アクセスしてもらうのが大変です。

②　Ｗｅｂ動画型広告

生活者に動画を見せる情報ＰＵＳＨ（おしつけ）型。動画の中で企業が伝えたいことを完結させます。動画自体が話題になれば、多くの生活者が動画を見に来ます。デメリットは、伝わる情報が少ないことや、予算が少ないと拡散する可能性が下がることが挙げられます。

③　バナーやリスティング広告（検索時に出てくる広告）**など、Ｗｅｂのいろいろな場所で露出**

する広告

これも情報PUSH型です。本来バナーはサイトに来訪させる役割もありますが、クリックする人数が少ないため、情報を見せる「看板」の役割になっています。視聴者数は多くないけれどバナーもリスティング広告も検索に絡めて露出できるので、的確な情報伝達ができるのがメリットです。

④ WebのPR記事を中心に話題化していく

①②③のキャンペーンにWebでのPRを絡めることもできますが、ここでは動画やサイトなどの広告をつくらず、「美味しい商品がある」や「面白い企業がある」といったSNSを通じての口コミやWebの記事だけで情報を広げていく手法を指します。ネタが面白くないと拡散しませんが、予算が少なくて済み、大きな効果が出る可能性があります。

⑤ アプリ広告

アプリを利用する体験を通じて、言いたいことを伝えたり、企業のファンをつくったり話題化したりします。Ｗｅｂの進化スピードは速く、もはやアプリの時代ではなくなってきてもいますが、ユーザーの囲い込みが可能になります。

もちろん、ビッグデータを解析して効率を高めるなど、これ以外の構造のＷｅｂ広告も存在します。①から⑤のいくつかを組み合わせているキャンペーンもあります。

近年の主流は②のＷｅｂ動画型でしょうか。①のキャンペーンサイト型はＷｅｂキャンペーン黎明期によく見られましたが、そこまでアクセス数が増えないため時流ではなくなってしまいました。僕たちも生活者に戻って考えてみれば、企業のキャンペーンサイトにわざわざアクセスすることは稀だと思います。

しかしジャックのキャンペーンでは、その①キャンペーンサイト型をあえてチョイスしました。情報を強制的に見せることもできるＷｅｂ動画型に比べ、キャンペーンサイト型は生活者自身の意志でそのサイトに来てもらわなくてはいけません。それでもジャックには、①のキャンペーンサイト型でないといけない理由がありました。それを判断するポイントは……

人々に行動してもらうために届けなくてはいけない「情報量」です。

［公式27］
Web広告の構造を
決定するポイント

＊

生活者に伝えなくてはいけない「情報量」でWeb広告の構造を判断する

Web広告でも「結果」を出すには、やはり売上げを増やすことから逆算していくことが重要だと述べました。したがって買ってもらうためには生活者にたくさん情報を渡さないといけないのか、そんなに多くない情報量でもいいのか、を考え、それによってWeb広告の構造を決めていくことでズレがなくなります。

たとえば、ジャックを買ってもらうためには、ジャックはどんなお菓子か、「美味しいのに、崖っぷち。」「次売れなかったら終売」以外にも、過去の失敗やそれでも頑張る姿を知ってもらわなくてはいけません。つまり、伝えるべき情報量はかなり多いことがわかります。

もしこの量をWeb動画に入れても、情報が多すぎて伝わりません。しかし、キャンペーンサイトであれば多くの情報を載せることはできます。ただしキャンペーンサイト型は、サイトに来てもらわないといけないので人数も減り、ハードルは高くなります。が、来てもらった人に確実に情報を届けることができ、面白ければ拡散できる強みもあります。

こうして、「情報を押しつけることもできるが、届ける情報量が少ないWeb動画」ではなく、「情報を見に来てもらわないといけないが、情報量を多く入れられるWebサイト」をキャンペーンの中心においたのでした。

サイトの満足をどうつくるか

しかし、キャンペーンサイト型にはポイントがあります。**わざわざ訪れた価値や満足を感じてもらう必要がある**のです。満足とは「勉強になった」「面白かった」など、何かしら持ち帰るものがあること。その満足が「ジャックのサイトが面白い」というつぶやきになり、さらなる拡散につながっていきます。そこで、限られた予算でも満足度を上げるべく、Ｗｅｂ動画やアプリ、Ｗｅｂポスターをサイトの中にいくつも用意しました。予算制約があっても、Ｗｅｂ動画やポスターを低予算で制作することはできます（いまはスマホでもＣＭがつくれる時代です）。こうして、安い制作費で動画やポスターなどのコンテンツをつくりました。ですが、コンテンツにはテーマが必要です。では、ジャックのキャンペーンサイトに格納する各コンテンツはどんなテーマでつくれば良いのでしょうか。

崖っぷちに立たされた人間は何をするか、から導いた答えが……

「やけくそ」

でした。**崖っぷちに追いつめられたジャックが、「やけくそ」になって頑張る**というテーマにしたのです。やけくそなので、「売れるためなら何でもする」という自由なテーマが生まれます。低予算でつくられた自由なＣＭやポスターも「やけくそ」だからと思ってもらえます。このような発想しやすいコンセプトが生まれたのも、予算に制約があったからでした。

こうして、「やけくそ動画」「やけくそポスター」「やけくそアプリ」というコンテンツが生まれ、キャンペーンサイト内に格納されました。サイトの中の動画やポスターも面白ければPRになります。崖っぷちサイトだけではなく、「やけくそ動画」や「やけくそポスター」が拡散すればサイトに人を連れてくることにもなります。すぐに結果を出さなくてはいけないので、動画やPRなどありとあらゆる手を使って「美味しいのに、崖っぷち。サイト」に人々を連れてこようと考えたのです。

そんなやけくそコンテンツの中でも多く拡散されたものがありました。それが、猫動画です。

当時、やけくそ、をテーマにアートディレクター中島とWebプランナー石川と僕の三人で動画やポスターの企画をしていました。そんな折、彼らが薦めてきたのが「猫」でした。しかし僕は犬派なので「猫」を使えば動画の再生回数が増える、という彼らのアイデアにピンとは来ていませんでした。

しかし、「猫」で企画してみるかと思い、『とにかくかわいい子猫がジャックの空き袋に入って遊び、最後に「もう後がないので、子猫に頼っています。今回売れなかったら終売、ジャック」とナレーションが入る動画』（次ページ上画像）をつくったところ、数十万回も再生され、

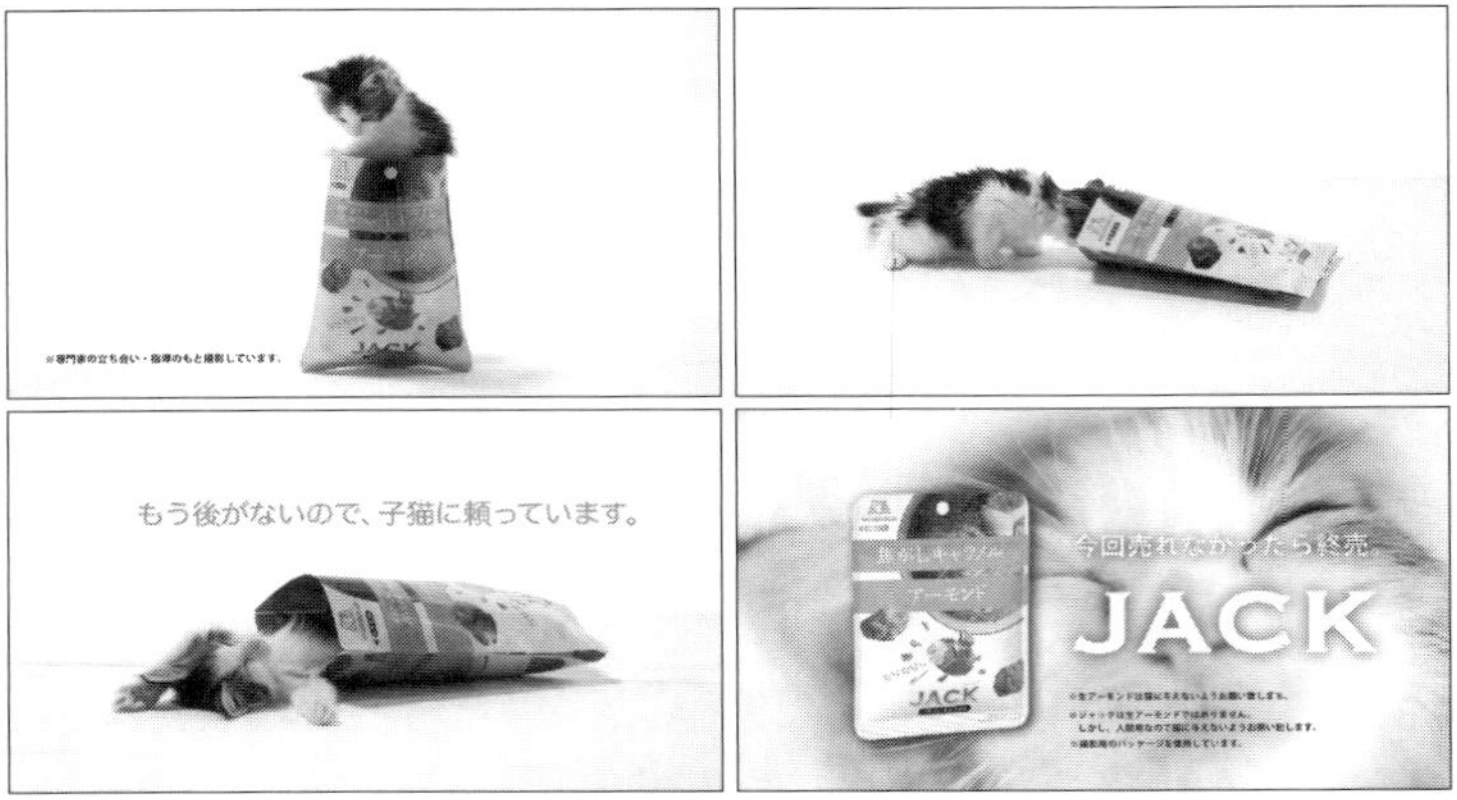

子猫の可愛さに頼り切った「やけくそ動画」
（CD・C・企画 : 河西智彦　企画 : 石川雅雄・中島淳志　Pr: 陽智史）

ＳＮＳの盛り上がりと多くのＰＲ記事も獲得したのです。正直、再生回数数十万回は決して多くはありません。しかし、予算のないジャックからすれば充分で、望外の結果でした。

ちなみに、なぜ猫の映像が拡散されるかと言えば、**猫好きは「他の猫もかわいい」**からです。犬好きは「自分の犬がかわいい」のであまり拡散されないのです。

もっと予算があれば広告で猫動画を１００万回再生させることもできたでしょう。そうすればさらに再生回数は増え、ジャックの注目はもっと上がったはずですが、それは言っても仕方ありません。５本の「やけくそ動画」は合わせて１５０万回以上再生され、その他、次ページのような「やけくそポスター」も拡散されました。

見てもらえばわかるように、「やけくそポスター」も制作費をかけずアイデアで勝負しています。こういうときはまず、制作費などの制約を考えずに自由にたくさん企画し、そこから低予算でつくれそうな企画があるかを選びます。演技を必要とするドラマものなどは極力避けたり、イラストで表現できるもの、スマホで撮影できる企画、などが予算をかけずにつくれるクリエイティブの一例です。

こうして、ジャックの失敗の歴史、担当者の熱い想い、そして「やけくそ動画」や「やけくそポスター」がつまった、満足感を得てもらえ、拡散される面白いキャンペーンサイトができました。

しかし注意してください。Ｗｅｂ広告では、動画やキャンペーンサイトができればそれで終了、ではないのです。

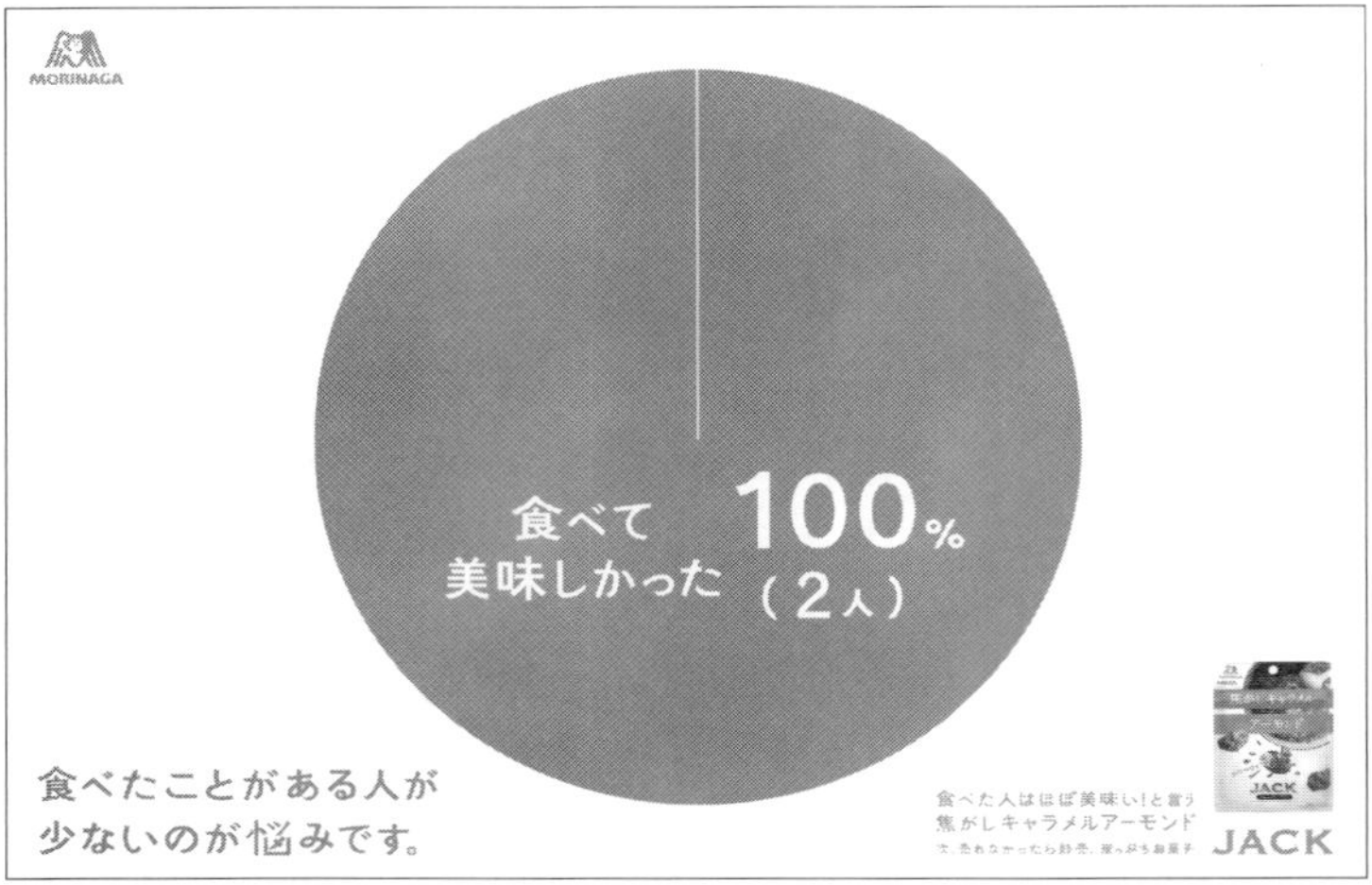

SNS で拡散した「やけくそポスター」（CD・C: 河西智彦　AD: 中島淳志）

第4章

崖っぷちのWebキャンペーン②

～拡散編～

Web広告は、つくった、で終わらせてはいけない

さて、第3章で紹介したジャックのアイデアを振り返ってみます。

・一般常識と異なる「美味しいのに、崖っぷち。」をキャンペーンコピーにして確認行動（購買行動）と拡散を起こす。また、置かれた状況をオープンにして「驚き」をつくる
・何度失敗しても頑張る姿を伝えることで、「頑張る弱者を応援する行動」を起こす
・低予算で全国を網羅しなくてはいけないので、Webキャンペーンを選択
・伝えなくてはいけない情報量が多いため、キャンペーンサイトに呼びこむ構造に
・サイトの満足度を上げるために、動画やポスターなど低予算コンテンツを多数格納

このようにしてサイトが完成しましたが、実はここからが重要です。Web広告はつくって終わりではありません。つくるだけでは誰にも知られません。自然拡散を待つのはあまりにも

不確実です。つくったら知ってもらう仕掛けをしないといけないのです。世の中には無数のWebサイトやWeb動画がありますが、ほとんどが**つくった、で終了してしまっているから知られない**のです。覚えてほしいWeb広告の公式があります。

［公式28］
Web広告のポイント

＊

何をつくるか、は重要。
でも、それをどう知らせるかも重要。
知ってもらわないと「結果」が出ない

現代は情報が大量に氾濫している時代です。それでも、たまたま誰かが見つけてくれることでWeb動画が拡散されたり、Webキャンペーンが話題になることはあります。しかし、そのような自然拡散はなかなか起きません。僕たちは生活者として話題の動画やサイトを目にすることが多いので、面白ければ自然に話題になる、と思いがちです。しかし、僕たちが目にする話題の動画やサイトはほんの一部の成功者に過ぎません。年間にアップされる動画やサイトの数を考えると、自然拡散で話題になる率は限りなく0％に近いのが真実です。**ほんの0・0000数％（もっと桁が少ないかもしれません）の成功の裏に、無数の「知られる努力をしなかったために存在に気づかれない面白い作品」があるのです。**成功とされる動画も、企業がお金を大量に投下して数百万回再生させていたりします。それが悪いこととは思いませんし、それくらいしないと埋もれてしまうのも事実です（僕も予算がある場合はそのような力技を使うこともあります）。しかし、予算がない場合は、どのようにして知ってもらえばいいのでしょうか。

ジャックで用意した拡散方法はＷｅｂでのＰＲとＳＮＳでした。

「ひらパー」でもＰＲをたくさん使いました。認知率１００％の「ひらパー」では、「行かないフォルダ」から「行ってもいいフォルダ」にフォルダ移動させるためにＰＲを使いました。一方、ジャックのＰＲは少々目的が異なります。「買ってもらうために伝えるべき情報」を込めたキャンペーンサイトに誘引するのがＰＲの目的です。「ひらパー」とは違いテレビＣＭがないジャックは、ＰＲで情報を拡散しないと情報を広める手段がありません。ただし、ＰＲはいつもこちらの思い通りに確実に記事になるわけではありません。そこで、ＰＲの中でも比較的露出されやすくかつ高い効果を発揮するWebでのPR獲得を狙うことにしました。

各メディア別のPR特徴

PRについて語ると1冊の本になってしまいます。たとえば、**PRは量（どれだけ記事が出たか）よりも質（どのような内容の記事が出たか）が大切であり、PRの最終目標は記事を獲得することではなく、その記事を読んだ人々の「商品に対する考えや態度や行動」を変えること**だったりします。しかし、この本ではジャックの事例で使ったPRについて説明をしていきます。

まず、PRの基礎知識として、PR記事が露出したときの特徴をメディア別に紹介します。TV・新聞など、それぞれのメディアごとに取り上げられやすい切り口があり、取り上げられることで商品に付加できる印象も異なります。それを理解したうえで、**どのメディアでPR露出を狙うか、を先に設計しておくといいでしょう。**取り上げてもらうメディアをあらかじめ決めておくことでアイデアの仕上げかたも変わります。ＷｅｂでのＰＲを狙うならばより過激な仕上げに、新聞でのＰＲを狙うなら真面目なトーンに、といった具合です。かなり大雑把ですがいくつかのメディアのＰＲ特性を挙げていきます。

・テレビでのＰＲ

情報番組やニュース、あるいはバラエティの特集コーナーなどで取り上げてもらうＰＲ露出が主です。ＴＶでＰＲを獲得する代表的な方法は、タレントを起用して発表会などをすることです。ＣＭ発表会の映像や、その後のタレントインタビューを情報番組で目にしたことがある人も多いのではないでしょうか。このＰＲはタレントの「旬」具合で露出の量が変わります。ただし、タレントが中心の露出になるので商品名まで覚えてもらえないことも多々あり、ＰＲの質は高くなりにくいのも事実です。その他のＰＲ露出としては、経済系の番組や流行を紹介する番組で流行していることを取り上げてもらうＰＲもあります。「〇〇がヒット。その理由とは？」などの特集です。また最近では情報番組内で「話題のＷｅｂ動画」という切り口でＷｅｂのネタが紹介されることも増えています。テレビがＷｅｂにネタを求めるようになってきているのです。

テレビでPRが露出する場合の影響や特徴として、①取り上げられた際の影響力が大きい、②認知が低い商品や企業にメジャー感が付与できる、③一方でなかなか取り上げてもらいにくい、が挙げられます。その他、商品をドラマの中の小道具として登場させたり、使ってもらったりする「プロダクトプレイスメント」という手法もあります。

・新聞でのPR（スポーツ新聞ではなく、全国紙や地方紙）

新聞の紙面に、ニュースや記事として露出する、あるいは特集記事の中で紹介されるPRです。特徴は、タレント起用では取り上げてもらいにくいこと。社会性と公平性が強いメディアのため、商品が開発された裏側や、業界全体の傾向などが記事として露出する傾向があります（たとえば、スポーツカー復権の理由は？というテーマで複数の会社のクルマが取り上げられる、など）。

新聞でのPR露出は、テレビ・WebでのPR露出と比べて難易度が一番高いかもしれません。というのも、悪い意味ではなく、新聞は流行や傾向が確実に社会に浸透してから紹介するからです。新聞は短いサイクルで消えていくWeb界の流行や、一部の人々の中での小さな流行は取り上げず、生活者に根を生やして社会事象になった「真の流行」や

「社会の動き」を取り上げます。したがって、新聞にPR記事として載ると、一過性ではないヒット商品・人気企業という印象を付加することができます。そんな新聞でPR露出を狙う場合は、タレントよりも商品を中心にした経済的な切り口でアピールしたり、「真に流行」していることを数字で提示して世の中の動きと結びつけたりするのが良いでしょう。「ひらパー」は、ほぼすべてのメディアでPR記事が露出しましたが、やはり新聞が最後でした。しかし、PR記事が出て一番嬉しかったのも新聞メディアでした。それは、「ひらパー」のV字回復が「社会事象」「本物」として認められた証拠だからです。

また新聞は、小さな村の村おこしやお祭りなど、地域の話題も多く取り上げてくれる重要なメディアです。地方自治体や地域でのアイデアの場合は、地方紙や全国紙の地域面での露出を狙うのもいいでしょう。なお、各新聞のデジタル版は、新聞メディアというよりもWebメディアのPR特性を持っています。

・WebでのPR

Yahoo! のトップニュースで取り上げられることがステータスとなっていますが、それ以外にも多くのニュースサイトや、小さな流行（ネタ）を取り上げる「ネタサイト」がP

R露出を狙うメディアとして存在します。特に「ネタサイト」は、誰も知らない流行やアイデア、あるいは瞬間的なSNSの盛り上がりをいち早く取り上げてくれます。さらに「ネタサイト」の記事を転載するサイトもたくさんあり、「ネタサイト」はひとつの情報源になっています。

PRの視点から見ても、Webメディアはテレビや新聞とは大きく異なります。それは、記事のタブーが少ないこと。そして、かなり尖ったアイデアをネタとして好むことです。これは、Webサイトを見る生活者がそのような情報を好むから、という理由と、まだどこも取りあげていない面白いネタを取りあげようとするサイト側の探求心から来ています。したがって、**普通のアイデアではWebでのPR露出はしにくいのです。**が、切り口が面白いアイデアや、各業界のタブーに踏み込むアイデアや動画、あるいは世界初や日本初のことをすると取り上げられやすくなります（「初モノ」はその他のメディアでも取りあげられやすい切り口です）。

その他、WebでのPRの特徴は、若年層に届きやすいこと、そして一度火がついた時の爆発力がテレビ以上に大きいことです。また、商品や企業に対して「面白い」「尖っている」「イケてる」などのポジティブな空気感を付加できるのも特徴です。しかし、We bメディアはネガティブな空気感もつくり出してしまいます。いつまでも不祥事が取り上げられたり、何をやっても叩かれたり、赤字のニュースばかり拡散したり、弱いものをさらに叩く傾向もあります。ただし、そのようなネガティブな空気感もＷｅｂのＰＲで払拭できたりします。

以上が簡単にまとめた各メディアでのＰＲの特徴です。少し難しければ、

- **「最新の掃除機が話題」とテレビ番組で紹介された場合**
- **「最新の掃除機が話題」と新聞記事で紹介された場合**
- **「最新の掃除機が話題」とＷｅｂのニュースで紹介された場合**

この３つの記事タイトルから、あなたが受ける印象を考えてみるといいでしょう。テレビ番組で「最新の掃除機が話題」と紹介されると、その掃除機はいますでに流行していて、テレビ番組で紹介されることでさらに売れそうで、かつ自分も買ってしまいそうです。新聞記事で紹介されると、社会的にその掃除機が話題になっている印象を受けます。Ｗｅｂ記事で紹介されると、話題としてはまだ小さいけれど、これからヒットしそうで、かつその掃除機には面白い機能も搭載されていそうです。あなたがそれぞれの記事に抱く印象が、「それぞれのメディア

でＰＲ記事が出た時に付加できる印象と効果」だと思ってください。

ジャックのＰＲ戦略と「結果」

このようにいろいろなメディアでのＰＲがある中でも、**ジャックのキャンペーンではＷｅｂでのＰＲとＳＮＳでの拡散を狙いました。**選択した理由は３つあります。ひとつ目は、予算の制約でテレビＣＭやＷｅｂ広告が使えず、ＰＲを通じてしかジャックの情報を世の中に知らせられない状況だったので、**より確実にＰＲを露出させたかった**こと。

２つ目の理由は、ジャックのキャンペーンサイトに生活者を誘引するうえで、**Ｗｅｂの記事やＳＮＳならばキャンペーンサイトへのＵＲＬリンクを貼ることができる**こと。Ｗｅｂの記事であれば貼られたＵＲＬリンクをクリックするだけでジャックのサイトに飛べますが、新聞やテレビのＰＲだと、記事を見た人が検索サイトで探さなくてはいけなくなり、どうしてもアクセス数が減ってしまいます。

そして3つ目の理由は、**ジャックのアイデアがWebで拡散しやすいアイデアだったから**です。よく言えば挑戦的、悪く言えばノリが軽い、そんなジャックのキャンペーンの切り口はWebでこそ好まれます。ということで、ジャックはWebでのPR露出を狙おうと考えました。「やけくそ動画」の猫動画をわざとシュールにしたり、「やけくそポスター」が少し「ナメた」切り口になっていたりするのも、WebのPR記事で取り上げてもらうことを意識して仕上げたからです。PRを狙うメディアを先に決めて、仕上げをやや過激にしたのです。

あらためてジャックで狙ったPR構造をまとめます。まず、「美味しいのに、崖っぷち。」というキャンペーンサイト自体でPR記事を狙います。そのPR記事からキャンペーンサイトを訪れてもらい、サイト自体をSNSで拡散します。また、キャンペーンサイト内に置いた「やけくそ動画（猫動画など）」や「やけくそポスター」でもPRを狙い、キャンペーンサイトに訪れてもらいます。そしてサイト内の他のコンテンツもSNSで拡散します。そして、「やけくそ動画」をYouTubeにも置くことで、YouTubeからもキャンペーンサイトに誘引します。

とにかく、**サイトの外側で話題化して、ジャックを買ってもらうための情報を詰め込んだキャンペーンサイトに訪れてもらおう**と計画したのです。

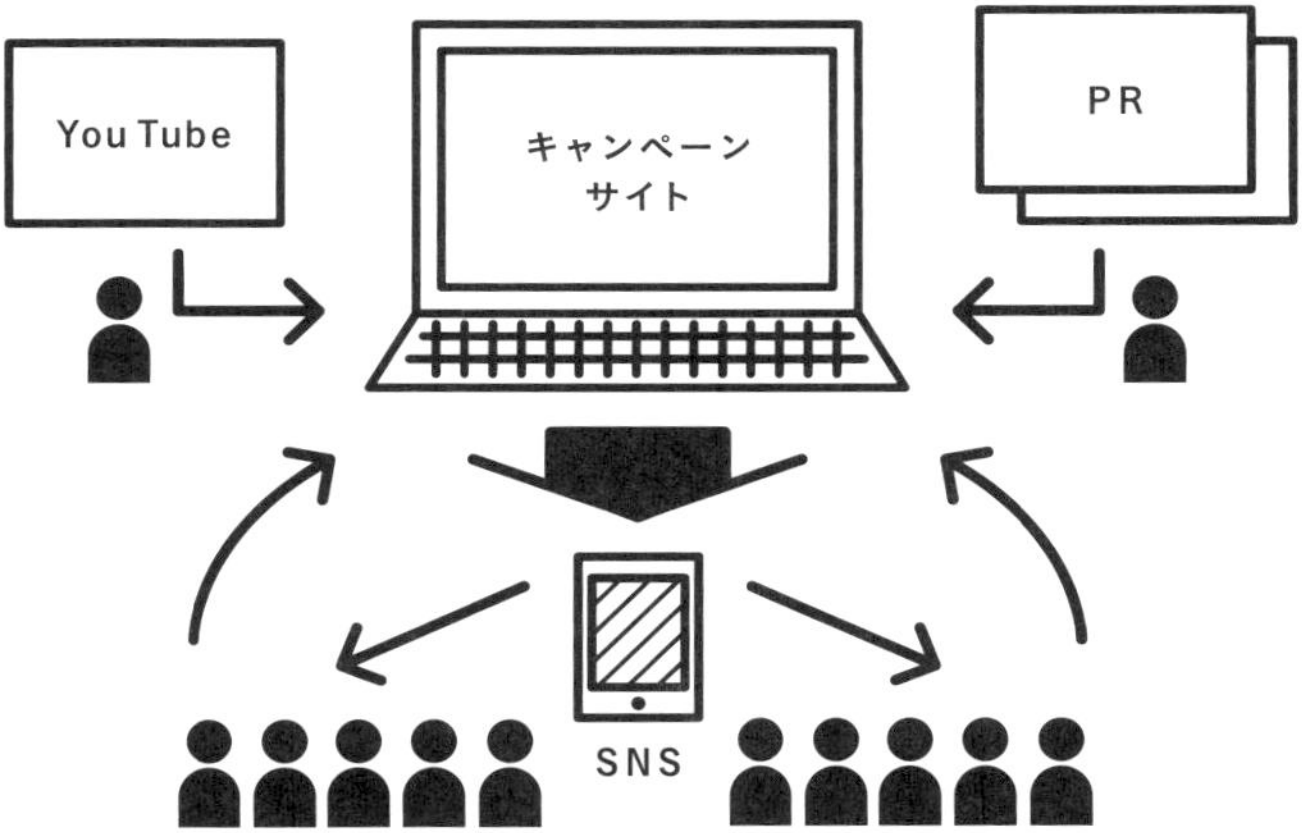

ジャックのWebキャンペーンの構造：PR記事やSNSからサイトに来訪してもらう

このように、生活者に情報を伝える場を決めたら、そこに訪れてもらう動線も設計すると効果が上がります。Web動画で情報を伝えるならばWeb動画自体をWebでPRしたりTV番組で取りあげてもらったりして、動画の再生回数を増やすことを狙います。ただし、動画に入れるのは「結果」を出すために必要な情報でないと、再生回数が増えても「結果」につながらないことになってしまいます。

では、ジャックのPRはどれくらい露出したのでしょうか。

ジャックのキャンペーンサイトはあっという間にいろいろなサイトで紹介されました。その中でも、面白いネタを紹介する「ネタサイト」のひとつである「ねとらぼ」に、狙い通りに取り上げてもらえました。拡散のためにこの「ねとらぼ」でのPRを狙っていたのですが、面白く、紹介するに値するネタだと評価してもらえたようです（仕込み記事ではありません）。「ねとらぼ」の記事の中では、ジャックの置かれた状況から、大手企業ではあり得ない切り口、そして「やけくそ動画」や「やけくそポスター」、キャンペーンサイトなど、ほぼすべての情報が紹介されました。その記事のタイトルは、「森永が全然売れないお菓子『JACK』のやけくそすぎるキャンペーン開始　なぜか子猫の動画などを投稿する暴挙に」でした。

実はこの記事タイトルにも、PR拡散の秘密が眠っているのです。このタイトルのポイントは「暴挙」という単語です。**このように、タイトルの中に（企業の感覚からすると）過激な単語を入れるのがWebメディア、そしてWebのPR記事の特徴です。**サイトの運営者や記事のライターは、どのようなタイトルをつければ読者が記事の中身を閲覧してくれるのか、そして拡散していくのか、を深く理解しています。したがって、このようなタイトルになるのです。「森永が全然売れないお菓子JACKのやけくそすぎるキャンペーン開始。子猫の動画などを投稿。」というタイトルと「森永が全然売れないお菓子『JACK』のやけくそすぎるキャンペーン開始　なぜか子猫の動画などを投稿する暴挙に」だと、どちらの記事をクリックして読みたくなるでしょうか。タイトルのつけかたひとつで、中を読んでもらう力が大きく変わることが理解いただけたかと思います。従って、もし**お金を払ってPR記事を出稿するときは、わざと広告らしくない過激な単語を使うことをオススメします。**それだけで拡散力が変わります。なお、森永製菓の担当者にはあらかじめ、「Webは記事は広告とは異なりタイトルが過激になります。でもそのほうがより多くの人に読まれ拡散していきます」と伝えていました。担当者たちは快諾してくれました。このような企業側の理解もWebでのPR記事拡散の重要なポイントになります。

［公式29］
Webでの PR 拡散のための三ヵ条

＊

①WebのPR記事はタイトルが重要
②記事タイトルはサイト側に任せる
③自分たちで記事タイトルをつける場合はあえて過激な単語を入れる

さて、ジャックの記事は「ねとらぼ」で1週間以上アクセスランキングの1位でした。さらに、その後2~3週間もアクセスランキングの上位だったほどの人気記事となったのです。「ねとらぼ」などのネタサイトでは、話題の動画やSNSの流行など毎日数十もの記事があがります。そんな中、ジャックの記事が1週間もランキング1位を続けたことは、崖っぷちのお菓子にとって画期的なことでした。記事のタイトルも秀逸でしたが、記事の中で詳しく紹介されたジャックのキャンペーンサイトや猫動画を、読者が高く評価してくれたのでしょう。こうして、この他のサイトでも露出したPR記事や記事を読んだ人々のSNSを通じてジャックのキャンペーンはどんどん拡散していきました。最終的にねとらぼの記事はSNSで数万回紹介され、ジャックのキャンペーンサイトはのべ10万回以上リツイートされました。

ここで、膨大な量となったSNSでの反応の一部を紹介します。公式9で紹介したようにSNSをチェックすることは、事前に設計した感情が動いているかを検証するいい機会になります。もし、計算外の感情が動いていたならば、それがなぜそうなったかを考え、今後に活かします。ジャックに関しては、無事に計算していたとおりの感情が動いていました。

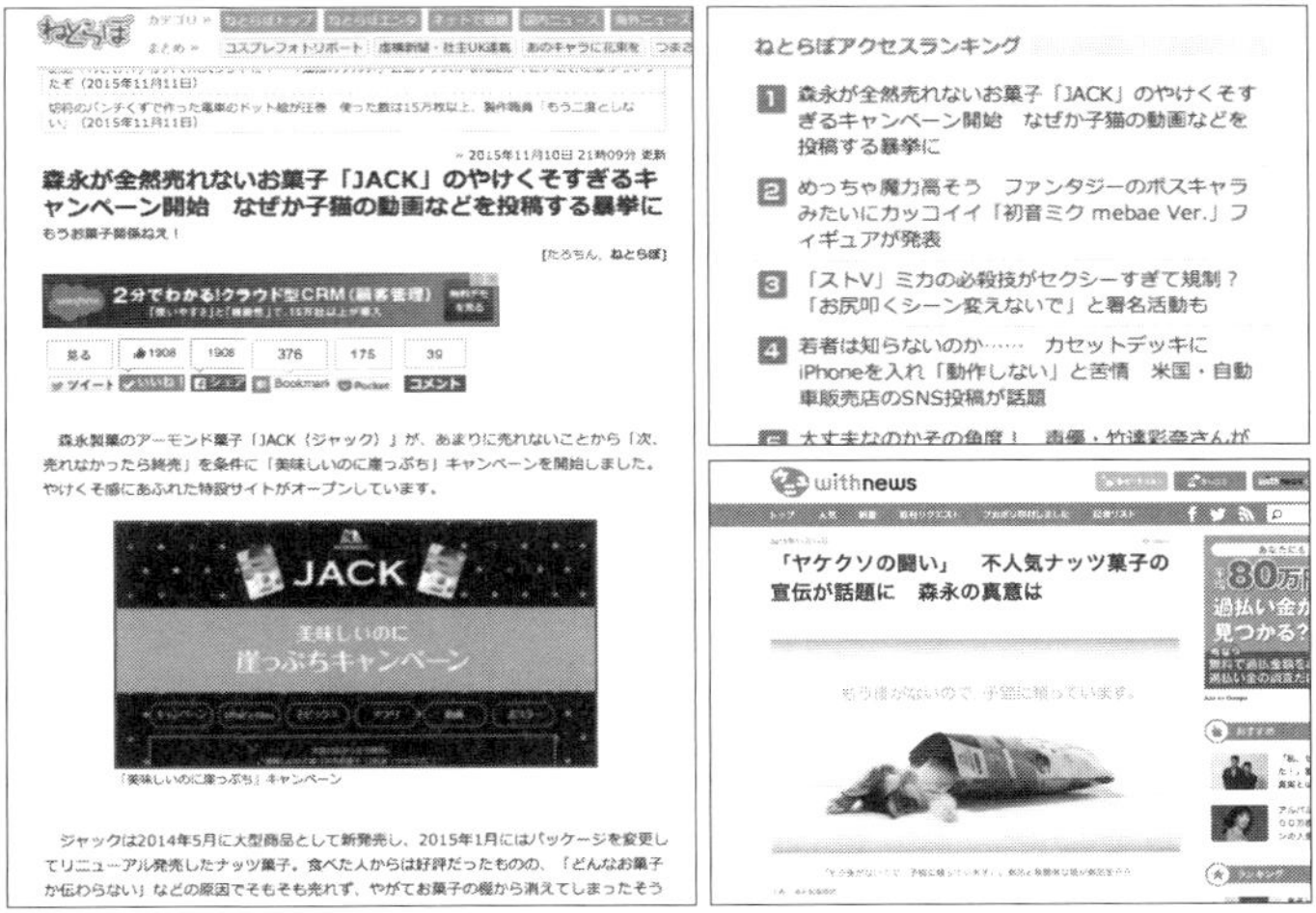
ねとらぼ

～2015年11月10日 21時09分 更新

森永が全然売れないお菓子「JACK」のやけくそすぎるキャンペーン開始　なぜか子猫の動画などを投稿する暴挙に

もうお菓子関係ねえ！

[たろちん，ねとらぼ]

森永製菓のアーモンド菓子「JACK（ジャック）」が，あまりに売れないことから「次，売れなかったら終売」を条件に「美味しいのに崖っぷち」キャンペーンを開始しました。やけくそ感にあふれた特設サイトがオープンしています。

「美味しいのに崖っぷち」キャンペーン

ジャックは2014年5月に大型商品として新発売し，2015年1月にはパッケージを変更してリニューアル発売したナッツ菓子。食べた人からは好評だったものの，「どんなお菓子か伝わらない」などの原因でそもそも売れず，やがてお菓子の棚から消えてしまったそう

ねとらぼアクセスランキング

1 森永が全然売れないお菓子「JACK」のやけくそすぎるキャンペーン開始　なぜか子猫の動画などを投稿する暴挙に

2 めっちゃ魔力高そう　ファンタジーのボスキャラみたいにカッコイイ「初音ミク mebae Ver.」フィギュアが発表

3 「ストV」ミカの必殺技がセクシーすぎて規制？「お尻叩くシーン変えないで」と署名活動も

4 若者は知らないのか…… カセットデッキにiPhoneを入れ「動作しない」と苦情　米国・自動車販売店のSNS投稿が話題

withnews

「ヤケクソの闘い」　不人気ナッツ菓子の宣伝が話題に　森永の真意は

「ねとらぼ」でのアクセスランキングは１週間以上１位に（出典：http://nlab.itmedia.co.jp/）

〈SNSの反応〉

（確認行動と応援行動が動いたツイート）

■なんか応援したくなるぞ……

■食べてみたい！ がんばれジャック笑

■キャンペーンサイトを見てからパッケージ見ると悲しくなるし理由が知りたくて食べたくなるわこれ……

■ここまで言われるととりあえず一度くらいは食べてみようと思う。

■こういうアホっぽいのは大好きだし、応援したいし、ちょっと食べてみたくもありますね www

■ここまで開き直ったキャンペーンをされたらむしろ食べたい。

（面白いという感情が動いたツイート）

■　やけくそすぎて食べてみたくなったよこのお菓子ｗｗどこかで見つけたら買ってみよう

■　森永「ＪＡＣＫ」ってお菓子のキャンペーンが話題らしいので見に行ったら本当におかしい。切迫すぎる。

■　おいｗｗｗｗｗこんなん卑怯すぎるｗｗｗｗｗｗ

■　てか売れてない風じゃなくて本当の事実という凄み…ｗｗ

■　こういうことする会社って………大好きです。

（「やけくそポスター」に対してのツイート）

■　わかった食べるよ。アンケート結果で涙出たの初めてだ。

■　「やけくそポスター」わろた

■　アンケートのやつやけくそ過ぎな笑　笑ってもうた

（サイト全体の満足感についてのツイート）

■　見応えある面白いサイトだぞこれは

■ わざと安っぽく作っているが、中身が濃い笑。みんな見てみて

(猫動画についてのツイート)

■ オーケーオーケー。明日、買ってやるよ(^_^;) 猫ジャック

■ 猫ちゃーん!! きみのためにJACK買うよー!!

■ あかん、面白過ぎて買ってしまいそうw

自慢のようですいません。ただ、個々のツイートを見て一喜一憂するのではなく、ツイートを分類したり、全体的に好意的かそうでないかを分析することで、次の一手につなげます。

とはいえ、みなさん全員がネタサイトの「ねとらぼ」を知っているとは思いませんし、「ねとらぼ」のランキング1位だけで「ジャックは話題になった」、「流行した」と胸を張るつもりもありません。ジャックは今回のキャンペーンに商品生命をかけています。PRの狙いは、ネタサイトよりもっと大きなPRになることでした。しかし、そのためにも**「ねとらぼ」などのネタサイトは、実は一番大切なメディア**なのです。

なぜなら、僕はジャックのPRを「**PRエスカレーター**」に乗せることを狙っていたからでした。

「PRエスカレーター」に乗せる

「PRエスカレーター」は僕が名付けた造語で、インターネットやSNSの状況を俯瞰して見つけた、**PRの露出量や効果を増幅させる方法**です。これも**予算の制約があるときにとても役に立つはずです。**

世の中の状況から説明します。インターネットやSNSの普及で、世の中の情報量は膨大になりました。しかし、どんなことでも調べればわかる世の中が来てみると、情報量の膨大さゆえに、人々は逆に自分で調べなくなったのです。特に、見つけるのが大変な面白ネタは、誰かが集めたものを閲覧するほうがはるかに楽なのです。このような時代背景から、Webではニュースサイトやネタサイト、まとめサイト（いろいろ問題になっていますが）がどんどん見

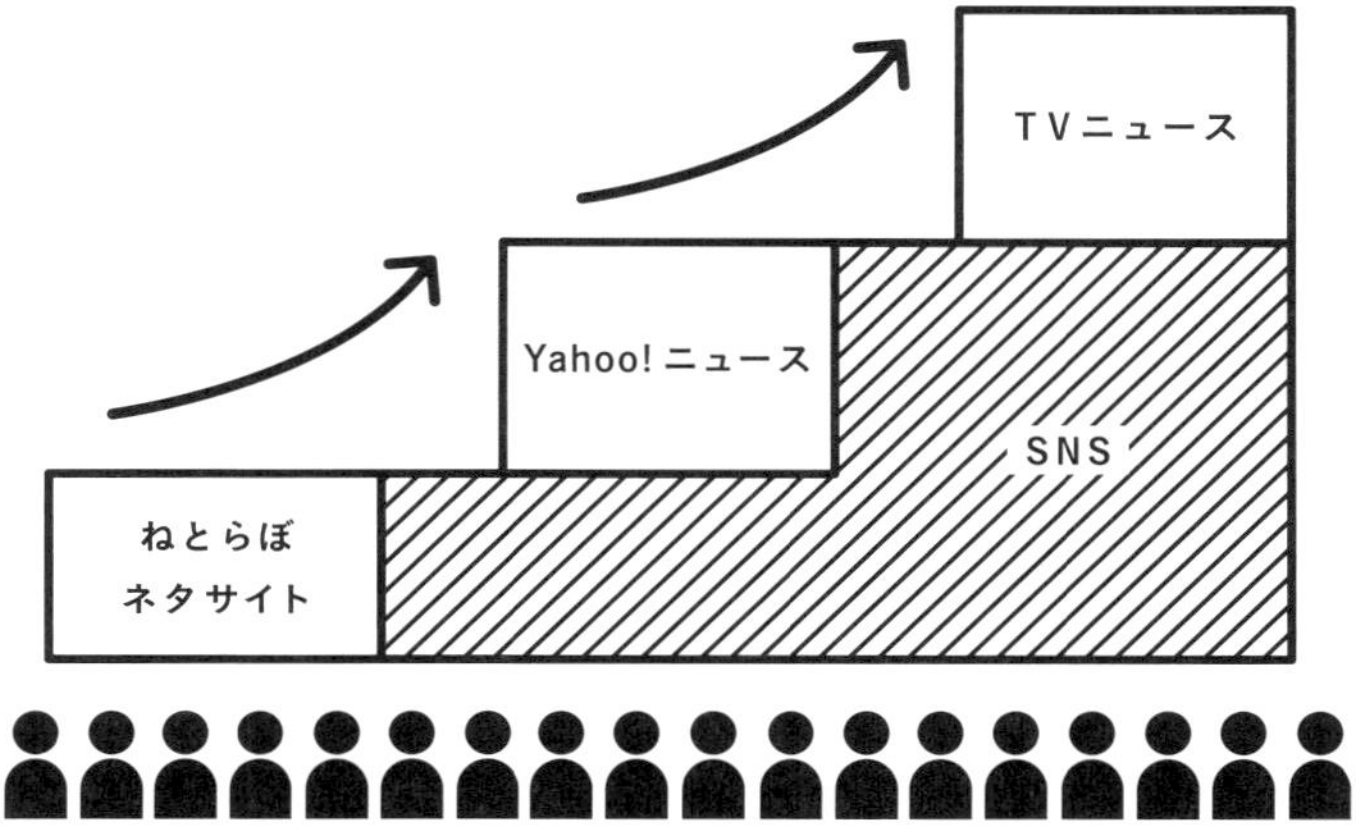

PRエスカレーター：PRの規模とSNSの反響が大きくなっていく

られるようになり、発達していきます。

一方、大手のニュースサイトも、自力で小さなニュースやネタを見つけてくるよりも、世界中のネタを集めてくる「ネタサイト」の記事を引用したり参考にしてニュースを配信するほうが、手間がかからず楽です。

その結果、小さなニュースサイトや複数の「ネタサイト」の記事が大手ニュースサイトにどんどん転載されるようになっていきます。そして、大手のニュースサイトに載った流行動画や面白いネタが、テレビ番組でも紹介されることが増えました。

つまり、「ネタサイト」のネタを大手ニュースサイトがチェックし、大手のニュースサイト（あるいは「ネタサイト」）をテレビ番組の制作者や構成作家がチェックする構造が生まれているのです。

ということは……おわかりですね。**他と比べて載りやすい「ネタサイト」に載れば、それが大手ニュースサイトに転載され、それを見てテレビが取りあげてくれる可能性がある**のです。

このように、**ネタサイトのPR記事を起点にして、どんどん大きなメディアに露出させていくPR増幅方法が「PRエスカレーター」です。**また、より大きなメディアで記事になるにつれ、SNSの反応も大きくなり話題化していきます。おおまかなフェーズはこうです。

① テレビ番組や新聞、大手ニュースサイトよりも掲載されやすい「ネタサイト」で、動画やキャンペーンサイトのPR記事が露出（着火点）。まだSNSの反応は小さい。

② 「ネタサイト」の記事が大手ニュースサイトに転載される。また「ネタサイト」を見た別のサイト運営者や記事ライターが自分のサイトで記事として取り上げる。大手ニュースサイトに載ることでSNSの反響が大きくなっていく。

③ 大手ニュースサイトの記事やSNSの反響を受けてテレビに取り上げられたり新聞の記事になったりSNSの反応や量は最大になり、多くの人に情報が伝わっていく。

もちろん「ネタサイト」に記事が載れば、必ずテレビのＰＲまでエスカレートする訳ではありません。ＰＲ会社を通じて、ネタサイトの記事を他のサイトへ紹介するなど、エスカレーターを加速させる技も必要です。

が、**予算の制約がある場合や、アイデアがＷｅｂらしい切り口の場合、あるいはテレビのＰＲを直接狙うにはハードルが高い場合に、この「ＰＲエスカレーター」を狙うと、「結果」が出る確度が高まります。**

［公式30］
PRの露出量や効果を増幅させる

＊

予算に制約があるときは、アイデアをあえて過激にして「ネタサイト」での露出を狙う。そこから「ＰＲエスカレーター」に乗せる

こうしてジャックのPRは、「PRエスカレーター」に乗って増幅されていきました。「ねとらぼ」を皮切りに、他のネタサイトでも取り上げられ、そこから、Yahoo! のトップニュースにもなりました。そしてそれを見た新聞やテレビ番組から取材依頼が届き記事として取り上げられました。最終的に露出したサイトや番組、新聞記事は150を超えたのです。「森永」「ジャック」で検索してもらうと、いまでもWebの様々な記事を見ることができるはずです。

また、ジャックはSNSのトレンドワードにもランクインしました。トレンドワードに入ることは本当に難しいのですが、一度入ってしまえばさらなるSNSでの拡散を生みます。正直に言えば、「PRエスカレーター」は狙っていましたがジャックのPRがここまで広がるとは思っていませんでした（そもそもWebのPRがどれくらい拡散するかを事前に約束することはできません）。が、重要なのは**「PRエスカレーター」を狙うこと。狙わないと拡散する確度は運任せになってしまいます。**

ジャックでは、キャンペーンサイトの他にも複数、PR獲得を狙った施策をしました。僕は、PRを獲得するための施策はひとつのキャンペーンで何度仕掛けてもいい、いやむしろ、何度もするほうがいいと思っています。**PR施策を何度も実施することで「当たる」確率を高**

めることができます。また、何度も記事になり、生活者に何度も情報が届くと、WebやSNSで「流行している感」や「雰囲気」もつくり出せるのです。

もちろん全国津々浦々の人がSNSをしているわけではありません。そして全員が同じWebサイトを見ているわけでもありません。が、WebやSNSは、「空気感」をつくり出します。特にSNSは「つながり」があるので一度「なんとなくJACKっていいよね」という「空気感」が生まれるとそれが伝播していきます。

「なんとなくイケてる」「なんとなく面白そうな企業だ」「なんかいつもかっこいい」……ネット上で、特定の企業や商品やタレントに対してこんな空気感が生まれているのを感じたことがあるでしょう。反対に、何をしても叩かれる、文句を言われる、という「負の空気感」もあります。これらは、生活者同士がつながるようになったからこそ起こる「なんとなく」の集団心理です。ポジティブな空気感は、一度のPR露出ではなかなか定着しません。**何度かPR記事に触れてもらうことで「なんかかっこいい」「なんか面白い」「なんか応援したくなる」という空気感が生まれ、それがやがてブランドイメージとしての輪郭を持ってくるのです。**

また、「負の空気感」をひっくり返すのも、一度のPR露出ではなかなかできません。何度もポジティブなPRやコミュニケーションを届けることで改善されていきます。

［公式31］
空気感をつくるための戦略ＰＲ

＊

ポジティブな情報を何度も発信し接触させることで、「なんとなくカッコいい」「なんとなく先進的」などの空気感が醸成できる

キャンペーンサイトや「やけくそ動画」以外にジャックで用意したＰＲ獲得施策は日本初の仕掛けでした。公式10で解説した「初モノ」でＰＲ露出を狙うアイデアです。日本初、世界初、などにメディアが興味を示してくれやすいことはすでにお伝えした通りです。ではどんな施策をしたのかというと……**「嗅覚広告」**です。

予算が限られていたので、舞台は鹿島臨海鉄道でした。まず鹿島臨海鉄道の電車内の中吊りにジャックの空き袋を吊るしました。そして、中吊りの足下には、人を感知してジャックの香りを噴出する機械を置きました。つまり、ジャックの空き袋からキャラメルの香りが漂ってい

車内にジャックの空き袋を吊るし……

るように広告を仕立てたのです。

PR狙いの施策でしたが、広告としてちゃんとした意図もあります。普通、広告で「焦がしキャラメルでコーティングされたソルティアーモンド菓子」と言われてもなかなか味を想像できません。しかし、もし広告に商品の香りがつけば、ジャックがどんなお菓子かをより深く理解してもらうことができ、覚えてもらいやすくもなります。同時に、美味しそうな香りがすることで乗客のお腹を空かせて購買を促すこともできます。

このように「視覚情報」に「嗅覚情報」も**プラスすることで、より深く印象づけることができる「4Dアドトレイン」**をつくったのです。このような無茶な広告を実現できる場

足下には、人を感知してジャックの香りを噴射する装置を設置

車内は、ジャックのポスターで埋め尽くした

企画 : 河西智彦・石川雅雄・博報堂アイ・スタジオ　AD: 中島淳志

所はそうありませんが、鹿島臨海鉄道からＯＫをもらえました。鹿島臨海鉄道は多くの人が乗る電車ではありませんが、それは問題ではありませんでした。なぜならこの施策はＰＲを獲得することが最優先だからです。

もちろん予算があれば山手線など、広告の接触人数も多く、話題になりやすい場所で「４Ｄアドトレイン」を実施します。でもジャックには予算がないので、実現させることを優先しました。「４Ｄアドトレイン」に実際に接触する人数は少なくても、狙いであるＰＲ記事が露出すれば、情報に接触する人数を増やすことができるのです。これも公式になります。

［公式32］
予算の制約がある
場合のPR獲得法

＊

PR記事での情報接触人数を優先し、実現しやすい場所で実現する

このように予算がない時は、実際の広告に接触する人数や体験人数に固執するのではなく、**PR記事を通じて情報接触人数を稼ぐことを重視する**というやり方がオススメです。なお、このような、実現することを最優先にしてPRを狙うやり方は、公式18で説明した「実現力」を高めるひとつの具体例でもあります。

こうして、この「4Dアドトレイン」も「ネタサイト」で記事となり、他のサイトへと転載されていきました。実施するタイミングもきちんと設計しました。実施したのはジャックのキャンペーンサイトがオープンしてから10日後。サイトの話題が落ち着きはじめるであろう時期を予測して、PR記事を再び露出させました。**「ひらパー」では情報をまとめることでPRを大きくしましたが、ジャックでは、何度でもPR記事が出ることを意識しています。「空気感」をつくりたかったことと、短期間で売上げを増やすためにPR記事をたたみかけたかったのです。**狙い通り、この「4Dトレイン」のPR記事からもジャックのキャンペーンサイトに人が訪れてくれました。なお「4Dアドトレイン」は3D＋嗅覚の意味で僕の造語ですが、**WebのPRで記事タイトルになることを見込んでキャッチーなものにしています。**

肝心のジャックの売上げはどうだったのか

では、肝心のジャックの売上げはどうだったのでしょうか。そもそもジャックのPRは話題化することが最終目的ではなく、キャンペーンサイトに誘引してジャックの情報を知ってもらい、売れない理由の『確認行動』と『弱者を応援する行動』で売上げを増やすことが最終目的でした。ではその売上げはというと……

ジャックはものすごく売れました。過去、どちらも1カ月ほどで店頭から消えていたので、実は今回も期待はされていませんでした。しかし、キャンペーン開始とともに「面白い」とPRやSNSで情報が拡散された結果、**わずか1000万円のキャンペーンにもかかわらず、販売目標の2倍近い売上げを記録したのです。**過去のキャンペーンで失敗していたので、ジャックを店頭に置いてくれるコンビニはそもそも多くありませんでした。そんな中での売上げ記録なので、大ヒットと言えるでしょう。

また、あまりに反響が大きく、ジャックが見つからない、という書き込みもキャンペーン開始と同時に大量発生し、森永製菓のお客様サービスセンターにも「ジャックはどこに売っていますか」との問い合わせが連日入りました。まったく意図していませんでしたが、なかなか手に入らないことも飢餓感を煽った形となりました。

〈SNSの反応（一部）〉

■噂のJACK買ったぞー!! どこのコンビニにも置いてなくて8件目でようやく確保!

■話題になってるJACKのキャンペーンサイト見たら食べたくなった。でもコンビニ回ってるけどどこにあるの？ 情報下さい #jack ＃森永

■これ1週間探してるのに見つからない!! でもジャックがんばれ!! 終売回避!

ジャックの広告担当者も商品担当者も誰もが喜んでいました。僕自身もWeb広告の更なる成功体験と、多くの公式を新しく手に入れることができました。でも何より嬉しかったのは、**「買ってもらう（売上げを増やす）」から逆算して行動設計と情報設計をしておけば、Web広告でも「売り」に結びつくと証明できたことでした。**

口コミの正の循環をつくる

ジャックを買ってもらうための「確認行動」と「頑張る弱者を応援する行動」以外に、もうひとつ、購入してもらうための情報戦略を用意していました。それは「**ジャックは美味しい**」という口コミを意図的に発生させることでした。

もし、「美味しいのに、崖っぷち。」で話題のお菓子が「本当に美味しい」、という口コミに触れたら、ジャックは「買ってもいいフォルダ」に入りやすくなります。第3章でも述べたように、一般常識と逆の情報に触れさせると、人はその理由を確認し、SNSに書き込んだり周囲に話したりします。ジャックで言えば、美味しいのに売れない理由を確認するために購入して、その感想や理由を書き込んでくれるのです。これは口コミを多く発生させる方法でもあります。そしてジャックは本当に美味しいため、口コミには「美味しい」という単語が多く使われることになります。

〈SNSの反応（一部）〉

■　え、めっちゃJACKんまい。あっという間になくなった……

■　森永のJACK、言うだけあって確かにうまい。パッケージがなぁ……

■　偶然遭遇して噂の森永JACK食べたんだけど、これ美味しいわみんな買おうぜ

■　おいしかったよ。みかけたら買いだめしないといつなくなるか……

■　崖っぷちのJACK買えたー。これは本当に美味い！　これは買いだめするやつや！

このように「美味しい」というつぶやきが多く書き込まれると、それを見た人がジャックを購入→その人がさらに「おいしい」とつぶやき→それを見た他の人が買う……というように、**ポジティブな情報がグルグル回りながらSNSや口コミが拡大し売上げに貢献します。これが「SNSや口コミの正の循環」**です。

ポジティブな口コミを企業側からも拡散すべく、生活者のつぶやきをまとめたまとめサイトをつくったり、キャンペーンサイト上で「美味しい」というつぶやきを紹介する方法も有効です。

［公式33］
口コミの正の循環をつくる情報設計
＊

良い感想を発生させ、見た人が購入して感想を書き込み、見た人がまた購入し……と口コミの正の循環をまわす

一方で、気をつけなくてはいけないこともあります。**SNSや口コミには「負の循環」もあるからです。**「期待ほどじゃない」「美味しくない」などネガティブな書き込みが増え、それを見て買うつもりだった人が買わなくなる……、と盛り上がりや売上げがどんどん縮小していくのが、「負の循環」です。

SNSや口コミに「正の循環」が起こるか「負の循環」が起こるかは一見、予測不可能のように見えますが、実はポイントがあります。それは……

事前期待値を実際の実力が上回るか、下回るか。

です。もし、ジャックが美味しくなかったらどうなるかを考えてみましょう。「美味しいのに、崖っぷち。」と煽って話題化したジャックが美味しくなかったらこうなります。

「美味しいのに、崖っぷち。」と、美味しさへの事前期待値を上げ過ぎたせいで、購入して食べた人が「崖っぷちなのは単純に美味しくないからだ」と理由を断定↓期待を裏切られた分、「まずい」と書き込む↓それを見た人々が「なーんだ、ジャックってまずいんだ」となり、購入してもらえなくなり↓「美味しくない」が拡散……これが事前の期待値を上げ過ぎたことで起こる口コミの「負の循環」です。

しかし、**事前期待値どおりの美味しさか、期待値を上回る美味しさならば、口コミは「正の循環」になります。**くれぐれも、実際の実力は公式19の客観視公式などで冷静に判断してください。「美味しいと言ってほしい」とクライアントに頼まれても、「事前期待値を高くすると逆効果になります」と進言したほうが、良い結果につながることがあります。

事前期待値を煽りすぎて「負の循環」が生まれる現象は映画の広告でよく見かけます。予告編のCMで煽りすぎて事前期待値が高くなってしまったばかりに、「面白くない」というネガティブな書き込みが氾濫し、結果的に大コケする映画も増えてきました。

くれぐれも、事前の期待値を、実際の実力より大きくしないようにしてください。SNSや口コミでの拡散を狙うキャンペーンでは、特に気をつけたほうがいいでしょう。

［公式34］
口コミを正の循環に回すコツ

＊

商品やサービスの実力を客観的に見極めて、事前期待値を実力より高めないようにする

では、商品が美味しくなかったら打つ手がないのか、といえばそうではありません。もしあまり美味しくないならば、無理に美味しいと謳わずに美味しさ以外のポイントで「売り」をつくればいいのです。

拡散が生んだ予算ゼロのPR施策

こうして、2015年11月から12月上旬に実施されたジャックのWebキャンペーンは成功を収めました。1カ月での棚落ち（コンビニの店頭から消えること）を回避したのはもちろん、Webでの盛り上がりを知ったコンビニから、追加で発注が入る展開も起こりました。中には、本当にありがたいことに店頭の手書きPOPでジャックの話題に触れてくれるケースもいくつかありました（左ページ参照）。

そして12月半ば、ジャックは、当初の予定になかったPR施策を行いました。なぜ予定外かと言うと、12月上旬でキャンペーン予算を全て消化し、以降の予算はゼロだったのです。この本では、逆境を「アイデア」に変える崖っぷちの企画術を紹介しており、予算の制約や時間の制約、置かれた状況など、様々な制約や逆境がアイデアの源泉になりますが、さすがに予算ゼロで実現できるアイデアはなかなかありません。**が、その数少ない広告戦略が、コラボレーションです。**

コンビニの店頭にオリジナルのPOPが（ありがとうございます）

コラボレーションとはお互いに利益をもたらすように企業と企業が組むことです。予算のないジャックが組む相手に渡せる唯一のメリットは「話題」でした。**相手企業に「注目されること」を渡し、その代わりにジャックは相手から予算をもらうのです。**12月17日、ジャックは鳥取県の「すなば珈琲」とコラボしました。全国で唯一、スターバックスが出店していなかった鳥取県にスターバックスが進出してきたときにWebで話題となったコーヒー店です。このコラボレーションはPR会社マテリアルの裏垣くんがやってくれたのですが、崖っぷちお菓子として話題になったジャックに、崖っぷちの先輩である「すなば珈琲」が優しく手を差し伸べてくれたことで、ジャックには予算がかからないコラボレーションが実現したのです。

［公式35］
予算がない時に
露出を稼ぐ方法

＊

「驚き」をつくるコラボレーションで予算を抑える

コラボレーションの内容は、すなば珈琲がジャックと組み4日間限定で東京に進出するというもの。カプチーノにジャックをまぶした「崖っぷちーノ」を提供したり、お客さまにジャックを試食してもらったりしました。崖っぷち同士が組んだこの斬新な仕掛けもまた、PR記事として露出しました。店には長蛇の列ができ、約2000人が来店。テレビの情報番組も取材に来てくれました。そして何よりも驚いたことに、鳥取県知事と鳥取出身の某大物大臣（当時）がこのコラボの応援のために来店してくれたのです。大臣がジャックを手にした写真も記

崖っぷち同士のコラボレーションポスター

事の中で露出しました。

こうして、2015年12月末まで行ったジャックのキャンペーンは終了しました。ジャックはその後、**予想を大きく上回って5カ月間もの間、つまり2016年5月半ばまで店頭で販売されました。**されました、というのも、ジャックは5月半ばで商品の在庫切れ、最終的に店頭から撤退したのです。見事に売れたのですが、同時にいろいろ弱点も見えてきたので一度仕切りなおそうという判断がくだされたと聞きました。

キャンペーン後とはいえ、ジャックを買ってくれたり応援してくれたりしたみなさんには、とても申し訳ない気持ちで一杯なのですが、またいつの日かジャックに会える日が来ることを、僕自身切に願っています。

この章では、予算と時間の制約、そして追いつめられた状況でも「結果」を出すWeb企画術を紹介しました。Web以外の発想でも使える公式も紹介させてもらいました。

Webでも、「結果」から逆算すると「結果」が出るのは同じです。人々を行動させるために必要な情報を決めて、Web話法やWebならではの自由な発想で拡散する、を意識してみて下さい。

ジャックにも本当にたくさんの公式を詰め込んでいるので、わかりにくかったらすいません。しかし、この章で紹介した公式は、僕自身が他の大きな仕事でも使っている、とても使えるものです。理解できるものだけでいいので、実際に使ってもらえたら嬉しいです。

どうかWeb広告を発想することを楽しんでください。あなたは受け手の生活者でもあります。自分でもこのWeb広告なら見てしまう、という「意識」で、アイデアを自由に発想してみてください。

第5章

ビジネスサイクルを発見して自走させる

いよいよ最後の事例です。最後は、僕がいまも広告を担当している関西の大学を取りあげたいと思います。アウディの3・2秒CMでもなく、琉球放送の「歩くーぽん」でもなく、九州のスペースワールドでもなく、岩手日報の個人向け号外発行サービスIWATTEでもなく、なぜこの事例を選んだかというと、この事例には、

・広告の原点である、課題を解決するクリエイティブ表現
・「ひらパー」ともジャックとも異なる重要公式「ビジネスサイクル」

が入っているからです。この章で紹介する公式は数は多くありませんが、大きな効果を出すものです。「結果」を出すアイデアを発想するためのひとつの切り口として利用していただければと思います。

私立大学は崖っぷちの時代

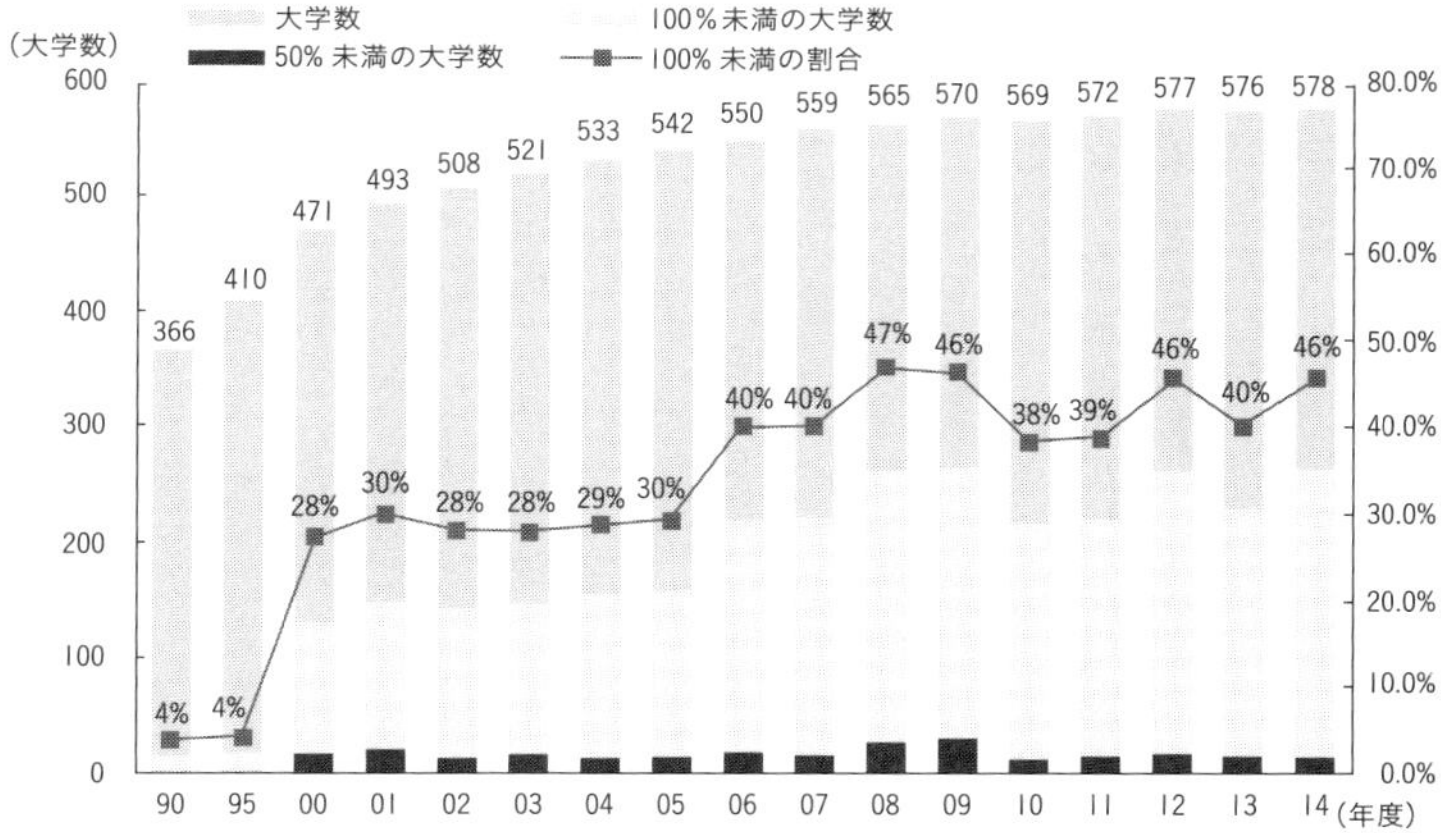

2014年度私立大学　定員割れ学校数の推移
（出典：日本私立学校振興・共済事業団）

多くの報道がなされているのでご存じかと思いますが、全国の私立大学は「少子化時代に向けた生き残り競争」の真っ只中にいます。上のグラフを見てください。子どもは減っているのに大学は増えており、そのせいで入学者が募集定員に満たない大学（１００％未満）の率は１９９０年代、２０００年代と比べて上昇傾向にあります。

文部科学省の方針もあり、今後、大学が大幅に新設されることはないはずです。しかし、子どもの数は減っていくので、入学者数が定員割れする大学の数が増えていくのは確実です。この私立大学のサバイバル時代に、僕が担当することになったのが、大阪府大阪市にある大阪経済大学でした。

まず、大阪経済大学を紹介します。この大学のルーツである浪華高等商業学校は1932年に開設されました。その後、いろいろな改革を経て1949年に大阪経済大学が設立されます。もともとは名前の通り経済の単科大学でしたが、1964年に経営学部、1997年に経営情報学部（現在は情報社会学部）、2002年に人間科学部が誕生し、2017年現在、経済学部・経営学部・情報社会学部・人間科学部の文系4学部があります。学生数はおよそ7500人。関西のマンモス校である近畿大学の学生数が35000人であることを考えれば、アットホームな大学であることがわかっていただけるでしょうか。

一方、大学の所在地は、大阪の中心地である梅田から電車と徒歩で30分ほど。いわゆる都市型大学です。大阪は都心のど真ん中にある大学があまりないため、この立地は受験生への「売り」のひとつになります。そして、大学の学力レベルを判断するひとつの指標である偏差値を見ると、**大手予備校の2013年度偏差値ランクでは、最上位の経営学部が45・0**でした。

私立大学には、同じレベルの偏差値でまとめられた「呼び名」があります。東京であれば早慶上智（早稲田大学、慶應義塾大学、上智大学）、MARCH（明治大学、青山学院大学、立教大学、中央大学、法政大学の頭文字）、日東駒専（日本大学、東洋大学、駒澤大学、専修大学）などです。大阪経済大学がある関西の私立大学には関関同立（関西大学、関西学院大学、同志社大学、立命館大学）、産近甲龍（京都産業大学、近畿大学、甲南大学、龍谷大学）と呼ばれる2つの偏差値グループがあります。関関同立が関西の私立でトップクラス、その次が産近甲龍です。僕が担当をはじめた当時の大阪経済大学の偏差値45・0は、この産近甲龍の次に位置していました。

先ほど、私立大学はサバイバル時代に突入したと言いました。しかし、さすがに大阪経済大学は来年再来年に潰れるかもしれないわけではありません。人口の多い関西圏に位置しており、すでに定員割れを起こしている地方の私大や短大ほどの崖っぷちではありません。

ただし、少子化が進む10年後や20年後はわかりません。アットホームで本当に良い大学なのですが、経営統合がないともいえません。広報部の方に言わせると「2012年当時は崖っぷち感があった」そうです。（そんなことはない！と思われている教職員の方々、大学ＯＢの方々もいらっしゃると思います。本章で気を悪くされたら本当に申し訳ありません。）

また、広告費もそこまで潤沢ではありません。その他の大学と同様、大阪の沿線の車内広告を年に3回出稿しますが、テレビCMは流せません。では、少子化時代に生き残っていかなくてはいけない私立大学ではどのようなアイデアを使ったのでしょうか。事例の解説を始めていきたいと思います。

広告やアイデアの目的がわかりにくい時も、ビジネス構造を考えてみる

この章の事例は「生き残り競争にある教育機関でのアイデア」のひとつの回答例として、あなたの居住地域にある、中堅私立大学に置き換えて読んでもらえると理解が深まると思います。さてはじめに、みなさんに質問をします。

「私立大学は何のために広告をするのでしょうか?」

来園者を増やすことで収益を上げる「ひらパー」や、商品を売ることで売上げを増やす森永

ジャックに比べると、私立大学のような学校法人が広告をする最終目的は、非常にわかりにくいといえます。しかし、何のために打つのか、という目的のない広告は機能しません。だからこそ、まず最初に私立大学が広告をする最終目的を考えなくてはいけませんでした。また、最終目的が見えにくいといろいろな意見が乱立してまとまらなくなったり、**全ての意見を叶えなくてはいけなくなる、という典型的な制約が発生することがあります。**それを防ぐためにも、**広告をする最終目的をまず考え、全員で共有するのが効果的です。**制約を逆手にとることもできますが、**減らせるならば減らしたほうが「結果」は出やすくなります。**

［公式36］

制約を減らすための公式

＊

いろいろな意見を叶えなくてはいけない
という典型的な制約は、
広告をする最終目的を共有することで
減らすことができる

とはいえ、私立大学の広告のように最終目的がわかりにくい場合もあります。そんなときは**クライアントのビジネス構造を考えてみるといいのです。**「ひらパー」の章で、まったく別のアイデアを考えるために「クライアント（あるいは自社）の収益構造も考えてみる」という公式3を紹介しました。この公式は、クライアントの社長など、経営層の人と直接話をして広告をつくる多くの経験から導かれたものですが、これが今回も使えるのです。**何のために広告をするのかがわかりにくい時は、収益の柱や支出などのビジネス構造を考えると最終目的がわかるようになる**のです。

なお、私立大学が広告をする最終目的は、質の高い学生を確保することだ、という意見もあります。大学の社会的意義から考えれば正解です。しかし、もしあなたが生き残り競争を心配する私立大学の経営者だったとしたら、いい人材を確保して育てて日本社会に貢献するためだけに、高い広告費を払うでしょうか。払わないはずです。

つい見落とされがちなのですが、**私立である限り「大学は企業」であり、収益を上げなくてはいけません。**赤字になると人件費は削られ、人員も削減され、やがては倒産することもあります。国公立大学が広告をする最終目的は、質の高い学生を確保することです。しかし、企業でもある私立大学が広告をする最終目的は残念ながらそれだけではないのです。

では、私立大学のビジネス構造はどのようになっているでしょうか。私立大学は何で収益を得て、何が支出なのか。を調べてみればいいのです。まず、収入の大部分は、受験料と授業料です。その他、ＯＢの寄付金や補助金、不動産収入などもあります。では支出。そのほとんどが人件費です。大学や大学院の教員の人件費、そして大学を運営するうえで重要な役目を担う職員たちの人件費です。さらに研究費や研究経費も支出です。さらに、キャンパスを移転したり、校舎を新設したりする時は大きな額の支出が発生します。

このように、まずは私立大学のビジネス構造を把握しました。そこからわかったことは、

大学において収入増となるもの、それは、「受験者数の増加」

でした。受験者が増えると、受験料が増え、収入増につながります。もちろん、授業料を上げたり、定員を増やすことも収入増のひとつの方法ですが、アイデアや企画で増やす類のものではありません。つまり、**私立大学が広告をする最終目的は、受験者数を増やして売上げを増**

やすことなのです。

［公式37］
広告の最終目的がわかりにくい時に使う公式
＊
得意先（あるいは自社）のビジネス構造（何で儲けていて、何が収益の柱か）を考えてみる

ここまでを簡単にまとめます。

・大阪経済大学は、大阪市にある小規模の中堅私立大学であり、少子化時代のサバイバルにも直面していた。
・そして、ビジネス構造から導いた、私立大学が広告をする最終目的は、受験者数を増やす（収入を増やす）こと。

何がどうなると受験者は増えるのか

ここからは手段やアイデアを考えていくフェーズです。では、受験者数はどうなると増えるのでしょうか。大きな要因は2つです。

① **偏差値が上がる**
② **就職実績が良くなる**

少子化であっても、**受験生や親は偏差値がより高い大学を望みます。**偏差値が高いほど倍率が高くなる傾向があります。また、最近は**就職実績が良いことも受験者を集める大きな要素**になっています。では、①と②のどちらかが良いのか、と考えていくうちに、「偏差値が上がると受験者数が増え、すると入学者のレベルが上がるので就職実績が上がり、さらに受験者数が増えて偏差値が上がり……」と何やら循環していることに気づきました。

このような循環こそが、この章の中心であり、逆境を強力なアイデアに変えるビジネスサイクル（循環図）です。

［公式38］
アイデアひとつで
「結果」を出すために

＊

得意先や商品のビジネスサイクル（循環図）を見つける

どの業種、業態にも実はビジネスサイクルは存在しています。たとえば新聞業界で考えてみましょう。読者が増える↓販売収入や広告収入が増える↓記者を増やしたり、記事面を増やしたり、販売店への支援金を増やしたりする↓内容が充実し、販売数が増え、読者がまた増える↓…、というビジネスサイクルです。**あなたが担当する会社の業態においても、因果関係のある事実を並べていくことで、ビジネスサイクル（循環図）が発見できないかを考えてみてくだ**

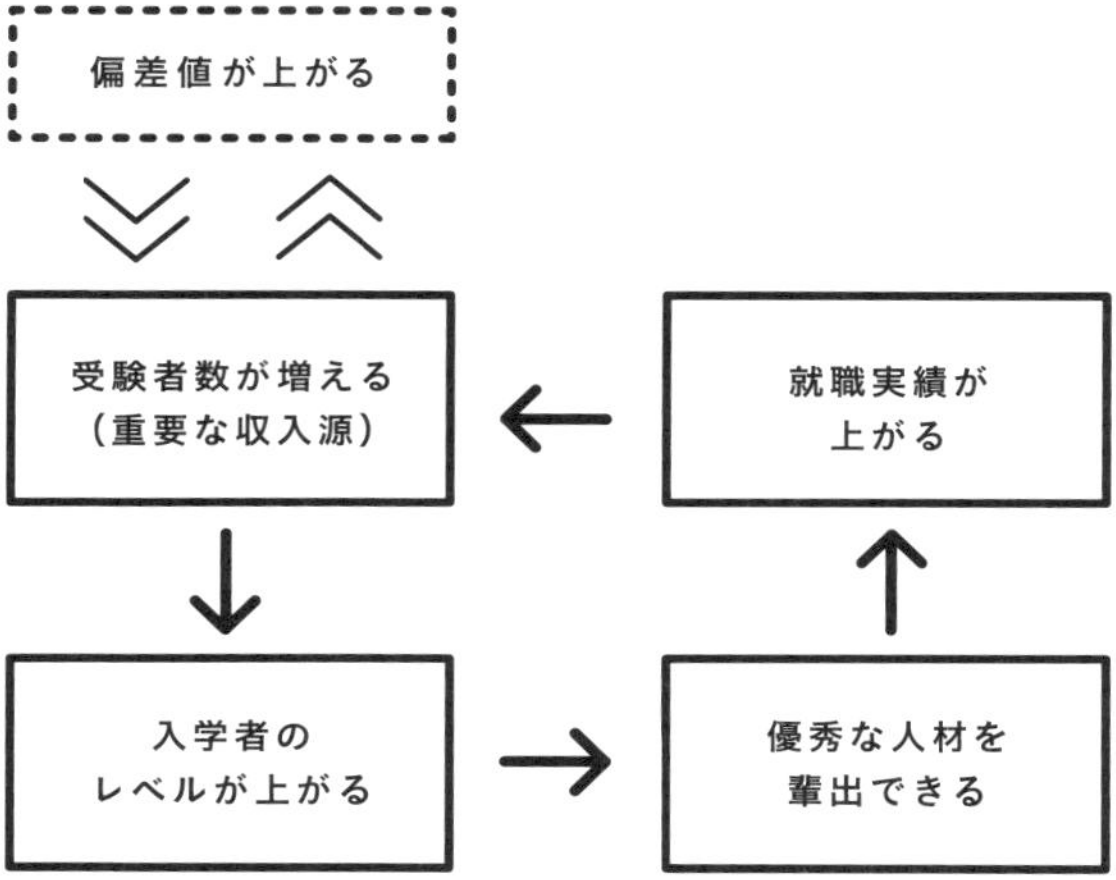

一般的な私立大学のビジネスサイクル（循環図）

さい。その理由はこれから説明します。

前述したように、私立大学にもビジネスサイクル（循環図）がありました。上に図にしてみました。

①まず、大学の受験者数が増える。

②受験者が増えると、入学者のレベルが上がる

③入学者のレベルが上がると、輩出する人材の質も上がる

④すると、就職実績も向上する

①就職実績が向上するので、受験者数が増える

以下、①～④の繰り返し。

また、

②－1：受験者数が増えると、入試の合格ラインが上がり偏差値が上がる

②－2：偏差値が上がると受験者数が増える

という循環もあります。ではなぜこのビジネスサイクルを発見する必要があるのでしょうか。その理由は4つあります。

① ビジネスサイクルを正の方向へ自走させるポイントが可視化できる

ビジネスサイクルは、正の方向にも負の方向にも回ります。好調時は正の方向へ、右肩下がりの時は負の方向へ回っています。ビジネスサイクルを見つけておくと、好調の原因も問題点もわかるのです。

② 複数の改善点を、たった1カ所のアイデアで改善できる

それぞれに因果関係があるので、どれかひとつをアイデアで活性化すれば、やがて全体が活性化してビジネスサイクルが自走しはじめます。

たとえば、就職実績を活性化すれば、受験者数も増え、偏差値も上がります。受験者数

を増やせば、偏差値も上がり、就職実績も改善します。就職実績も受験者数も人材の質も改善したい、と全てで頑張る必要がなくなるのです。もちろん、すべてがすぐに解消するとは限りませんが、どこかひとつを解決するだけで複数の問題がやがて解決されていきます。また、サイクルなのでどこを選んでも全体が改善されていきます。

③ 予算やかけるカロリーが少なくて済む

正の方向に自走するビジネスサイクルは、最初の一漕ぎでずっと走っていく自転車のようなものです。どこか1点の改善で済むので、予算の制約や人手の制約がある場合に非常にオススメです。かなり効率がいいので、かけるカロリーも人手も少なくて済みます。もちろん、自走しはじめた後にもまた一漕ぎする（活性化施策を行う）ことで、勢いをさらにつけることもできます。

④ 負の方向にサイクルが回っている場合、修正すべき箇所がわかる

ビジネスサイクルは、必ずしも正の方向だけに回っていくわけではありません。苦しんでいたり、うまくいっていない企業やブランドや商品やサービスのほとんどで、ビジネ

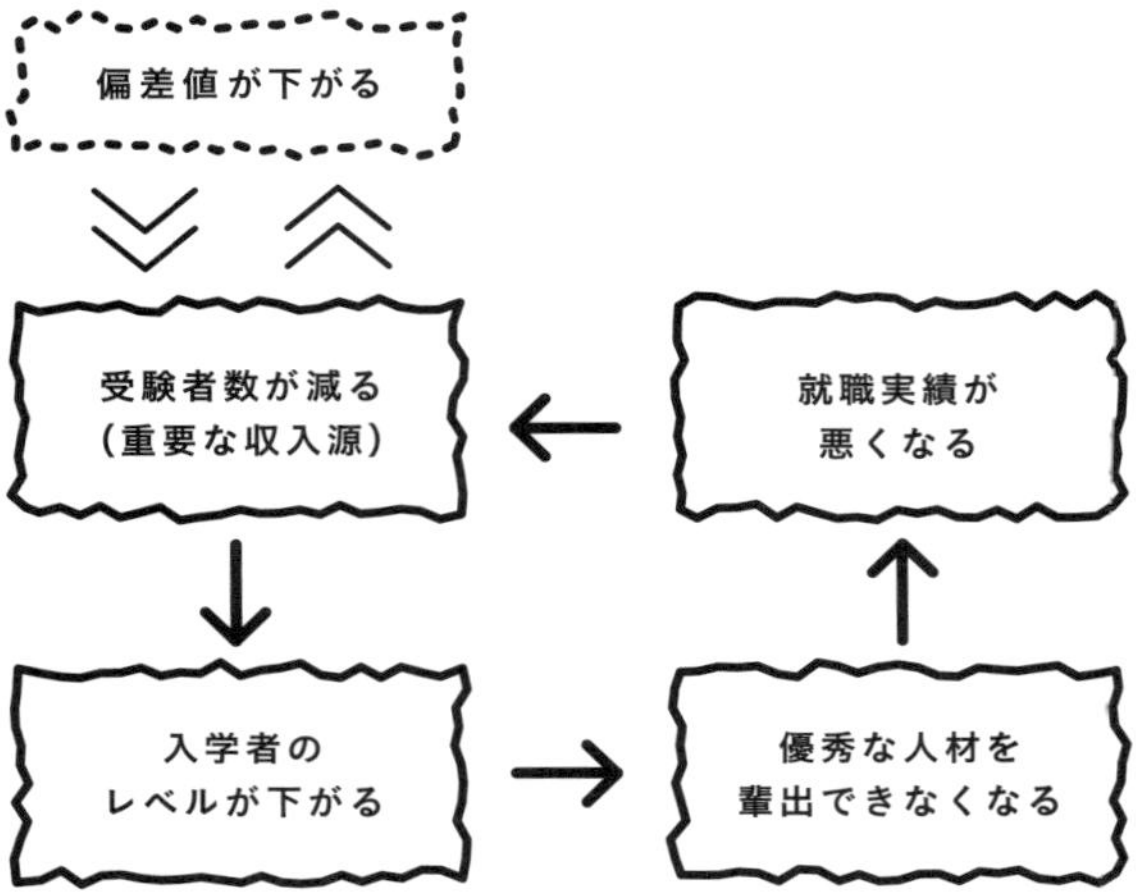

私立大学のビジネスサイクルが負の方向に回る場合

スサイクルは負の方向に回っています。たとえば大学のビジネスサイクルが負の方向に自走しはじめるとこうなります。

受験者数が減る↓合格ラインが下がり偏差値が下がる↓入学者のレベルが下がる↓輩出する人材のレベルが下がる↓就職実績が悪くなる↓受験者数が減る↓……。

定員割れをしている私立大学で回っているのが、この負のビジネスサイクルです。残念ながら、このように負の方向に自走し始めてしまうことは多々あります。そんなときに、このビジネスサイクルを見つけていないと、すべてをやみくもに改善しようとしてしまいます。それには体力もお金も必要で、また**すべてを動かそうとして逆に何も動かなくなったりします。**むしろ1～2点に集中して改善することで、サイクルは正の方向に回りだすのです。

なお、ビジネスサイクルが負の方向に回っている場合は、どこかを改善してまず負の方向への自走を止め、少しずつ正の方向へと回す必要があります。そのため、時間はかかります。

しかし、すぐに成果が出なくても焦らずやり続けることが大切です。**ビジネスサイクルを見つけておけば的確な改善点が見つかり、必ず成果が出ます。**

［公式39］
商品やサービスやブランドの負の方向への自走をとめる

*

ビジネスサイクルの1～2点に絞って改善すると、負の回転が止まり、やがて正の方向に回りだす

たとえば第1章の「ひらパー」にも、このビジネスサイクルはあるのです。集客人数を落としていた頃の「ひらパー」のビジネスサイクルは、負の方向に自走していました。

来園者が減る↓売上げが減る↓新アトラクションもできず人員も削減↓来園者の満足度が下がる↓来園者の不満が拡散↓来園者が減る↓…

といったように。しかし、集客数を増やすことを最終目的に置いてアイデアを考えた結果、

来園者が増える↓売上げが増える↓園内が充実する（「目隠しライド」という新アトラクションもできる）↓来園者の満足度が上がる（アイマスクなどのお土産も満足度を上げる要因に）↓ひらかたパークは面白いと情報拡散される↓来園者が増える↓…

とビジネスサイクルが正の方向に自走しはじめたのです。そのため、現在も「ひらパー」は絶好調で、集客数は上昇しているのです。

大阪経済大学のビジネスサイクルを正の方向に回すには

では、大阪経済大学の場合はどのポイントをアイデアで改善して、ビジネスサイクルを正の方向に回していけば良いのでしょうか。

224ページの図から考えられる改善ポイントの候補は次の3つでした。

① **偏差値を上げる**
② **優秀な人材を輩出する**
③ **就職実績を高める**

この中で最終的に僕が選んだのは、①の偏差値を上げる、でした。たとえば学生が就職塾へ通うための補助金を出したりすることで③就職実績を上げたり、入学後に徹底的に鍛えて、②優秀な人材を輩出することでサイクルを正の方向へ回していく方法もありました。ただ、実施するためには制度を整備するなど時間がかかってしまうのが難点でした。

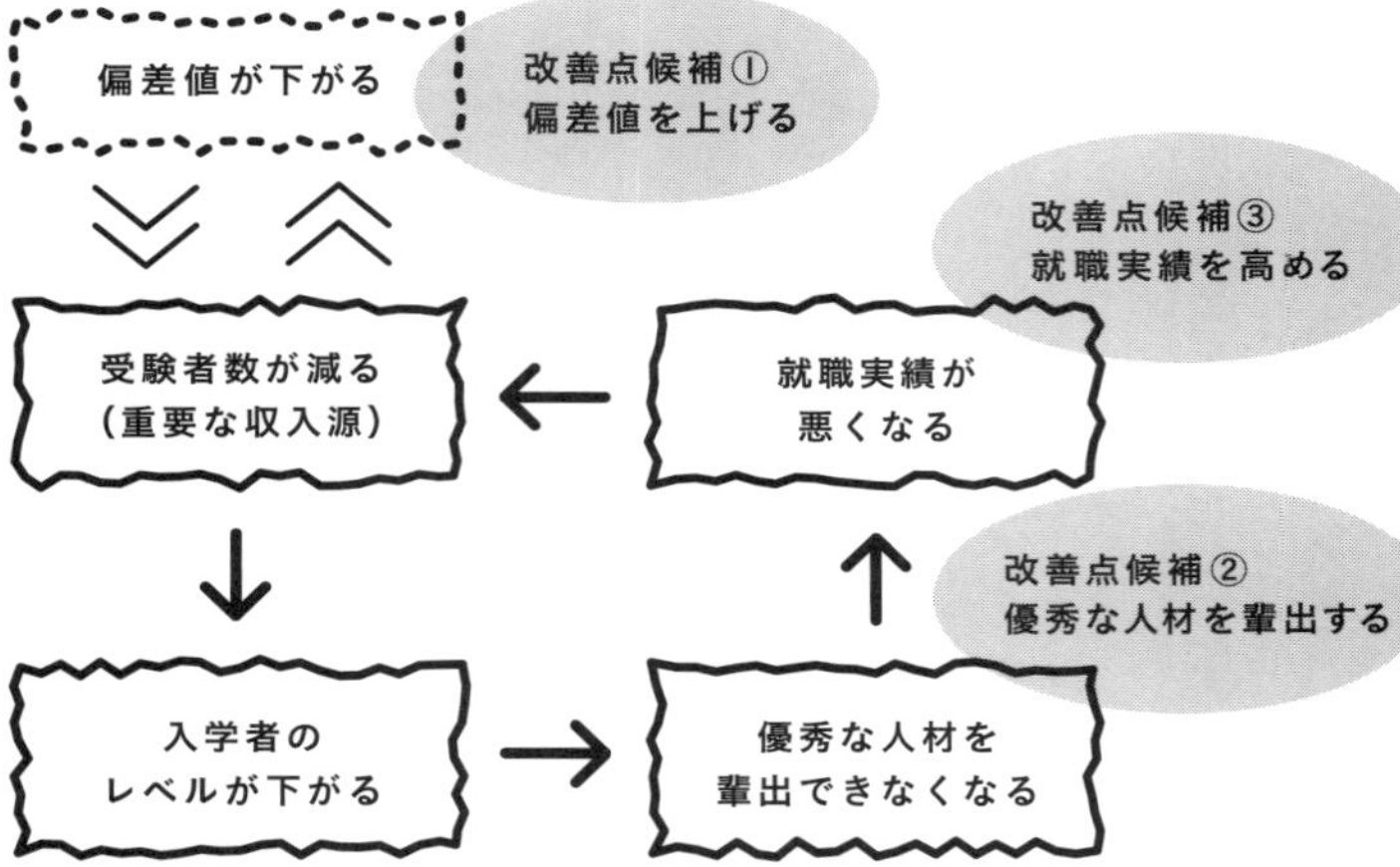

負のサイクルを正の方向に回すための改善点

一方、予算の制約があるとはいえ、定期的に沿線に車内広告を出稿する予算はあります。そこで、**交通広告で偏差値を上げていくことができないか、その手法を考えたのです。**

この「広告で偏差値を上げていく方法」を説明するために、まずは一般的な大学広告について考えてみようと思います。みなさんは、電車の中や新聞など、生活をしている中で私立大学や専門学校の広告を目にしたことはあるでしょうか。おそらく、ほとんどの人が目にしているはずですが、あまり記憶に残っていないかもしれません。それは、**ほとんどの大学広告が同じような表現をしているからです。**大学関係者の方々は気を悪くされ

一般的な大学広告のイメージイラスト

るかもしれませんが、典型的な大学広告の特徴があります。

・学生風モデル（ほとんどが女性）の真面目な表情のアップ
・あるいは実際の学生たちの笑顔写真
・「夢を諦めない」「きみを応援する」「未来を拓く」といったコピー

画像検索で「大学」「広告」と調べるとそのような広告が多く出てきます。さすがに悪い例として実際の大学広告を紹介することはできませんので、イメージのイラストだけ上に載せておきます。僕が大学受験をしていた当時の大学広告も同じような表現があったので、つまり大学広告は、長年にわたってあまり表現に変化がないとも言えます。画像検索でいろいろ見ていくと、典型的な大学広告は全国各地で生まれています。おそらく「やや保守的な風潮」、「大人数での合議制」など、このような広告が生まれやすい「業界に共通する土壌」があるのかもしれません。

子どもたちの数が多く、定員割れの大学数が今より少なかった時代であればいいのですが、生き残りをかけて積極的に学生を集めなくてはいけない中堅校及び中堅以下の大学の広告としては効果が薄いと思われます。その理由はいくつもありますが、大きなものは2つです。

理由1：どこかで見たような広告は印象に残らず、結果として広告が届かない。

広告は、商品や会社やサービスを売る役割を担っています。商品やサービスが売れるとお金が動き、経済が動きます。このように、広告には経済活動を支えるというはっきりとした役割があります。とはいえ、そもそも広告は生活者に煙たがられています。百歩譲って面白い広告はまだ見ようかなと思いますが、何の感情も動かない広告をじっくり見てもらえることは、ほぼありません。さらに、スマホの普及により、空いた時間も埋まってしまうようになりました。2014年の博報堂生活総研データによると、スマホを見ながらテレビ視聴する「スマホながら見」は6割以上。大学広告が多く掲出される電車の車内でも、みんなスマホを見ており、車内広告をじっくり見る人は少なくなっています。そんな中、「よくある」大学広告を出しても目にとまらず、広告が届かないのです。

そして、最大の理由がこれです。これこそが重要な発見でした。

理由2：中堅大学や中堅以下の大学が、「笑顔の学生が出る広告や、真面目な表情と夢を叶えるコピーの広告」をすると、偏差値が実際より低く見えてしまう。関西風に言えば、「アホな大学」に見えてしまうのです。

失礼な言い回しで本当に申し訳ありません。でも企画術の本だからこそ、ダメなものはダメと、遠回しではなくはっきりと書いてみます。そもそも、なぜ偏差値の高さが受験者の増加に直結するのでしょうか。少子化で大学全入時代になったり、採用する企業が大学名を書かせなくなったり、といった変化は起きています。しかし、では大学の偏差値神話がなくなったかと言えばそんなことはありません。偏差値神話がなかなか衰えない理由はいくつかありますが、理由として考えられるのは、日本人の数字／順位好き、そして少子化により子供への親の関与度が高くなっていることです。

大学選びで多くの親が望むのは、**子どもに少しでも偏差値の高い大学に行ってもらう**ことでしょう。なぜならいまだに、偏差値の高い大学がいい会社に就職する近道、という（思い込みかもしれない）図式が生き残っているからです。子どもの大学選びに関与する親が、子どもの志望校を変更させることも増えています。親自らが大学情報を調べ、たくさん研究し、子どもに志望校を逆提案したりもします。

そして**子ども自身も合格できる範囲で少しでも偏差値の高い大学を志望します**。子どもたちの中でも、偏差値の高い大学のほうが就職が良い、という図式は生き残っているのです。

このように偏差値神話がまだ残っている状況では、**偏差値が中位や下位に位置している大学の「典型的な大学広告」はプラスに働きません**。あまりよく知らない大学、あるいは偏差値が高くないのでは、と思われている大学が、学生たちのわざとらしい笑顔や夢が語られている広告をすると、**「頭の良くない大学」という印象を加速させてしまい**、むしろ逆効果を生みます。つまり、心の中の「行ってもいい大学フォルダ」に入らなくなってしまうのです。

イメージ偏差値を上げる大学広告とは

では、僕が担当をはじめた2012年当時の大阪経済大学の広告はどのようなものだったのでしょうか。

僕が担当をはじめた当時、大阪経済大学の広告には「はてにゃん。」という猫のキャラクターがいました。この「はてにゃん。」は、名前からわかるように、学びの中で浮かぶいろいろな疑問を尋ねる大学のオリジナルキャラクターです。わからないことがわかることで、耳の「?」が「!」になります。森永製菓のジャックで僕も猫を使いましたが、これを開発した僕の前任の後輩クリエイターはとっくに猫人気の高さに気づいていたのでしょう。「はてにゃん。」は学内ではなかなかの人気があります。そして、そんな「はてにゃん。」が登場していた当時の広告のキャッチフレーズは応援系コピーでした。

当時、大阪経済大学に在籍していたのは男子学生がほとんどでした。それ故に、広告では女子学生の増加も狙ったそうです。たしかに「はてにゃん。」はかわいく、女子の受験者を狙う

「はてにゃん。」を起用した広告

広告として、効果はありました。ただ、大学を取り巻く時代は急速に変化しました。大学自体も、少子化の中での生き残りに、より必死にならなくてはいけなくなったのです。

そんな中、担当したばかりの僕の最初の課題は「はてにゃん。」を広告に出しつづけるかを考えることでした。「はてにゃん。」は、大学の中では学生たちの一体感を出すキャラクターとして機能しています。それなりにうまくいっている広告キャラクターだったのです。

ただ、キャラクターを広告で使用すると「かわいい」という感情を動かすことになります。それ故、女子学生を集めるには良いのですが、「かわいい」には欠点もあります。

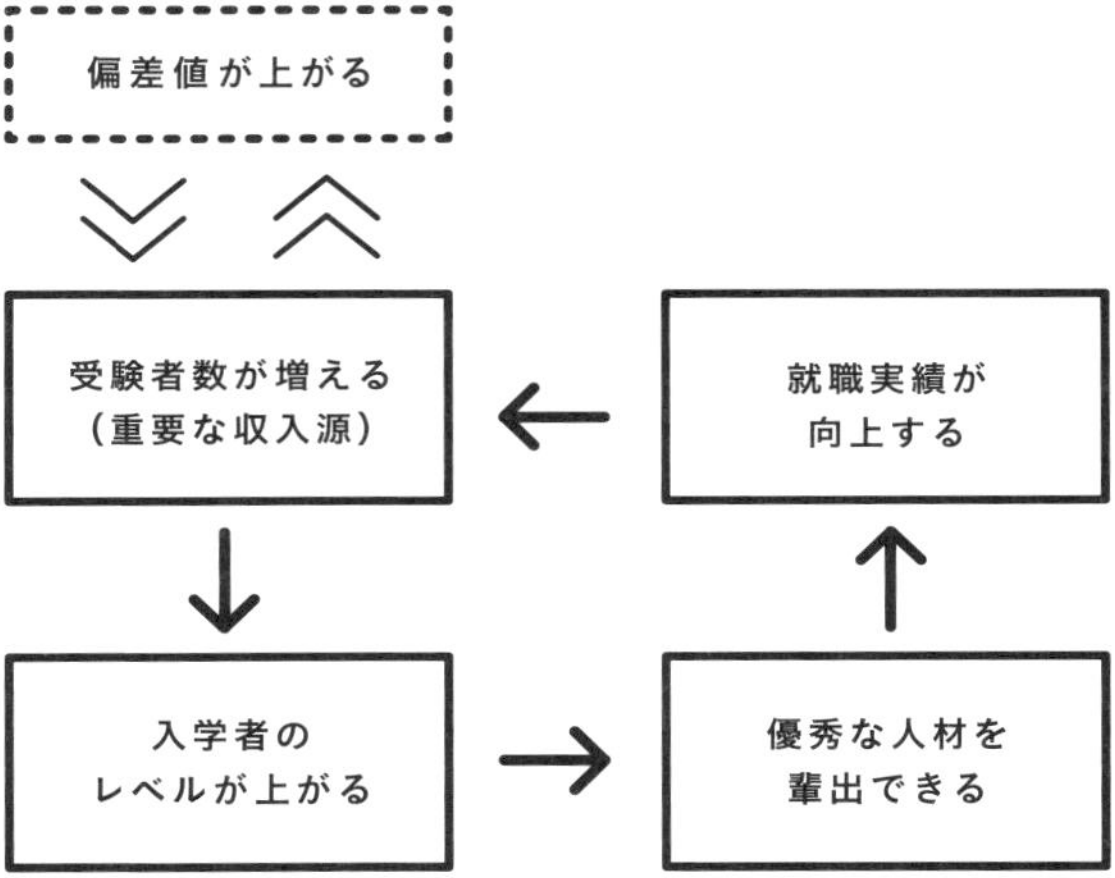

一般的な私立大学のビジネスサイクル（循環図）

それは、「知的」と結びつきにくいこと。将来的な生き残りのためには広告で偏差値を上げなくてはいけません。**中堅大学である大阪経済大学がかわいいキャラクターを広告に出しつづけると、知的な大学に見えなくなってしまう**と思いました。そこで、私立大学のビジネスサイクルに立ち戻り、正の方向に自走させるために偏差値を上げる広告を目指すことにしました。

では、**どうしたら広告で偏差値が上げられるのでしょうか。**答えは、**「イメージ偏差値」を上げる（知的に見せる）**です。

広告で偏差値が高そうと思わせることはできます。なぜなら、広告は企業や商品のイメージをつくることができるからです。何より、典型的な大学広告は偏差値が低そう、と思われてしまいます。ならばその逆も広告でできるはずです。では、「イメージ偏差値」を上げる交通広告とはどういうものでしょうか。つくったのは、**学問に立脚した広告**でした。

学問は教育の基礎であり、大学生の本業でもあります。とはいえ、実際の姿を考えれば日本の大学は「難入簡卒」、つまり入学が難しく卒業が簡単で、学生たちは学問と向き合いつづける4年間を過ごすわけではありません。

ただ、学問一本槍ではない日本の大学だからこそ、逆に学問をテーマにした広告が目立ち、かつ効果を出すと思いました。学問を前面に押し出し、頭が良い大学と認識されることはいろいろなターゲットにもプラスに働きます。大学を選ぶ高校生たちにも効果を発揮します。子どもへの関与を深めている親世代にとっても、きちんと学問が学べそうな大学だと映ることはプラスです。さらに、ターゲットではない生活者も広告を見ます。直接は関係なくても、生活者たちに「なんか頭が良さそうな大学」とイメージをもってもらうことは、大学にとって必ずプラスとなります。こうしてイメージ偏差値を上げる広告は年3回、シリーズ広告として沿線の車内広告で掲出されました。

イメージ偏差値を上げる広告。シャッター商店街をテーマに（CD・C: 河西智彦　AD: 松本明　P: 百々新）

２０１３年度の広告の表現テーマは、「**社会問題を学ぶ**」にしました。学問とは、社会を学ぶことであり、社会事象や社会問題を学ぶことでもあります。そこで、社会問題をテーマに、これまでの広告から表現をガラリと変え、うらさびれたシャッター商店街を写した硬質な広告をつくりました。

コピーは「経営とは何か。」。本来、「経済とは何か。」にしたかったのですが、大阪経済大学の４つの学部、経済学部、経営学部、情報社会学部、人間科学部、それぞれに広告が対応する必要があったので、経営学部に紐づけた広告になったのです。その代わり、経済学部に紐づけて学内に掲出した広告は、次ページの画像のようなものでした。

「経済とは何か」（CD・C: 河西智彦 AD: 松本明 P: 百々新）

少々過激かもしれませんが、広告をより多くの人に届けるためでもあります。世の中で貧富の格差が声高に叫ばれていた当時に、「経済とは何か。」というキャッチコピーで格差問題を取り上げました。

他にも「流行とは何か。」というキャッチコピーで流行を題材にもしました（次ページに画像）。

当時、とある有名アニメの「魔貫光殺砲」という技を真似た写真を集団で撮ることがネット上で流行していました。そこで、おばあちゃんと吹き飛ばされる女子高生たち、という少々シュールな写真を撮影して、現代の流行のサイクルは短く、小さくなっているというボディコピーを書きました。この広告は

「流行とは何か」（CD・C: 河西智彦　AD: 松本明　P: 百々新）

特にSNSで拡散されました。

とはいえ、「ひらパー」やジャックとは異なり、大阪経済大学の交通広告ではそこまでSNS拡散やPRを考えていません。もちろん拡散されれば嬉しいのですが、イメージ偏差値を上げる広告を、ジャックのように**Web話法にのった拡散表現で考えてしまうと、知的さを失う可能性が高い**からです。

イメージ偏差値を上げる知的な広告は堅実にいくべきで、定期的に同じ場所の交通広告で出稿されることで蓄積効果が生まれます。それによって負のサイクルを止めることもできるのです。

正のサイクルの起点と燃料投下

では、このイメージ偏差値を上げる広告は、先ほどのビジネスサイクルでいうとどの部分にあたるのでしょうか。それは、左ページの図の部分です。

実際の偏差値ではなく、**「頭がよさそうな大学」と思ってもらい偏差値が高そうなイメージをつくります。それによって少しでも頭の良い大学を志望する受験生とその親を獲得して、受験者数を増やします。そして受験者数が増えることで実際の偏差値も上げ、入学者のレベルを上げ……**、この広告をビジネスサイクルを正の方向に回すための最初の一歩にしました。そして、自走し始めた後もイメージ偏差値を上げる広告を定期的に出稿し、**正のサイクルを加速させる燃料を投下しつづけました。**

こうして2013年から今年まで、年間広告のテーマは毎年変えつつも、イメージ偏差値を上げるための「学問に立脚した広告」をつくり続けています。ビジネスサイクルを正の方向に自走させるために発見した切り口なので、この路線を変える必要はありません。逆にいえば、

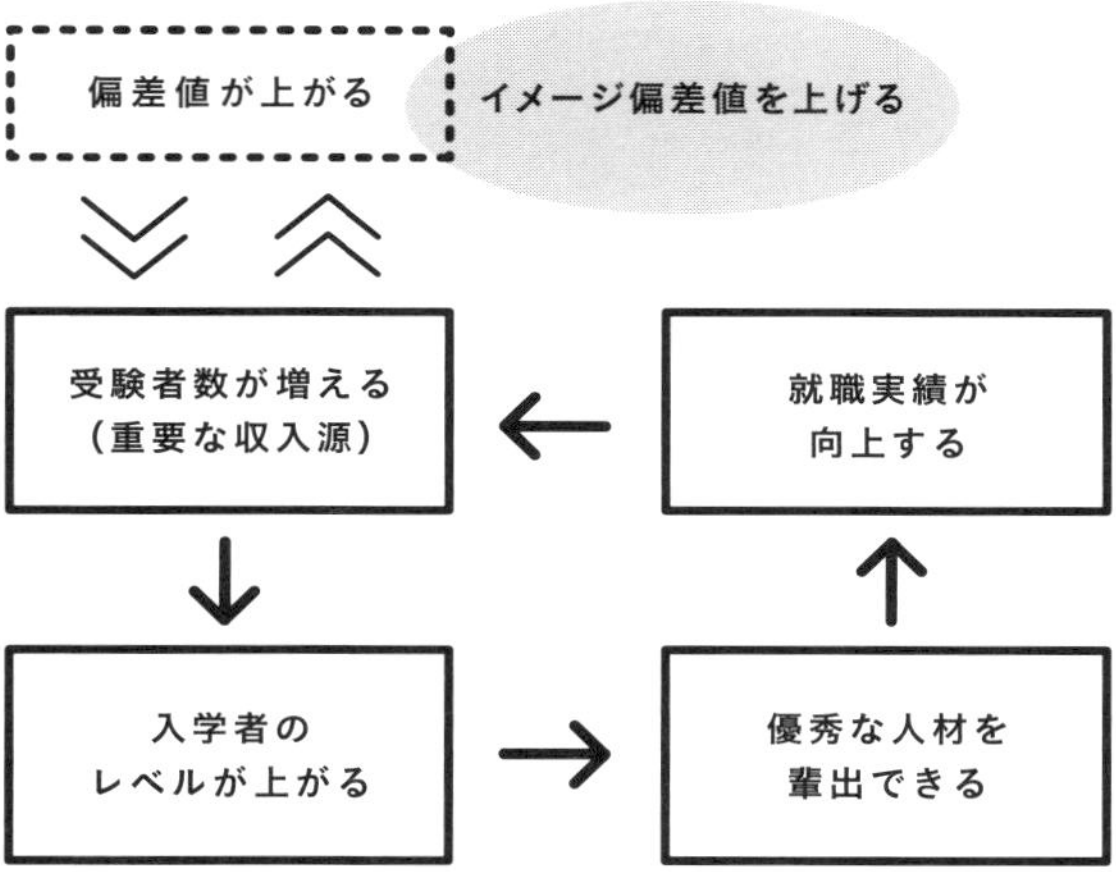

広告でイメージ偏差値を上げることで実際の偏差値も上がる

沿線の車内広告という同じ場所に出稿をする広告が、毎年毎年意図も表現も変えていたら、ものすごい「迷走感」が出てしまいます（そのような「迷走感」を感じてしまう大学広告も残念ながらときどき見かけます）。

なお、２０１４年度の広告テーマは、**各分野にある興味深い「理論」**（次ページに画像）。大学の学びは、ともすれば高校生には難解なものと映ります。そこで、ゲーム理論など、興味を引くような理論をテーマにシリーズ広告を展開しました。ゲーム理論について詳細には触れませんが、非常に面白いのでぜひ調べてみてください。

他には、隠されたものをつい見てしまうカリギュラ効果を取り上げた広告や、少しだけ

2 年目のテーマは「理論」。経済学部のテーマは「ゲーム理論」
（CD・C: 河西智彦　AD: 藪下太司　D: 杉江康介　P: 百々新　Pr: 河岡純子）

「カリギュラ効果」の広告。怪しげな取引の手元にモザイクが（実際にはエクレアを交換していた）
（CD・C: 河西智彦　AD: 藪下太司　D: 杉江康介　P: 百々新　Pr: 河岡純子）

ＳＮＳでの拡散を意識してみた「ハロー効果（薦める人のイメージが商品のイメージにも影響を与えるという効果）」を題材にした広告も展開しました。

そして3年目の広告テーマは、「**2045年の日本を、大阪経済大学の先生たちと真面目に想像してみる**」というものでした。ジョージ・オーウェルの名作『1984年』の2045年版をつくりたいと思い制作したシリーズです。

第1弾は、2045年の経済を想像してみる、ということで、ハイパーインフレを取り上げています（次ページ上画像）。札束で駄菓子を買う子どもたちの広告は話題となり、この広告を見た朝日新聞の記者が朝日新聞デジタルに記事を書いてくれました。3カ月に1度、1週間しか掲出しない交通広告を、世の中の人も読んでくれているのだ、と嬉しくなった記憶があります。なお、広告のフォトグラファーはすべて博報堂プロダクツの写真家で、日本最高の写真賞である『木村伊兵衛写真賞』も受賞した百々新《どどあらた》さん。予算の制約はありますが、硬質で意志のあるテーマだからこそ引き受けてもらえました。ここでも、引き受けてもらえないだろう、と「心の天井」はつくらずにオファーを出したことが高いクオリティにつながっています。

そして2016年のテーマは、「視点を増やすと、世界が倍、楽しくなる。」普段、ネガティ

3 年目のテーマは未来の日本を考える。ハイパーインフレにより札束で駄菓子を買う子どもたち
（CD・C: 河西智彦　AD: 藪下太司　D: 河西泰平　P: 百々新　Pr: 河岡純子）

4 年目のテーマは「視点を増やす」。高齢化社会をポジティブに捉えた
（CD・C: 河西智彦　AD: 藪下太司　D: 河西泰平　P: 百々新　Pr: 河岡純子）

同族企業のポジティブな面を捉えた広告も話題に
（CD・C: 河西智彦　AD: 薮下太司　D: 河西泰平　P: 百々新　Pr: 河岡純子）

ブなことしか語られない社会問題を、ポジティブな面からも見てみることで、報道や世の中の空気に流されない視点を身につける重要性を説いています。

第1弾は、高齢化社会（前ページ下画像）。ともすれば、高齢化社会はいつもマイナス面ばかり語られます。でも、高齢者が磨きあげた知恵と技術を活かすと、日本の力になる。そうすれば、高齢者が多いことを大きなアドバンテージにできる、という論調です。なお、広告に書いたボディコピーはすべて、大阪経済大学の教員にヒアリングをしています。大阪経済大学の教員たちは各分野でも有名な方が多いのですが、教員も大学の資産ととらえ、広告に活かしたのです。

広告のビフォーアフターと「結果」

・大学広告の目的は、受験者数を増やすこと
・そのために、ビジネスサイクルを発見し、最小カロリーとコストで効率よく正の方向へ自走させるための改善ポイント「偏差値を上げる」を抽出
・広告で「イメージ偏差値」を上げるべく、学問に立脚した知的な広告を展開

このような発想で、大阪経済大学の広告をつくり続けています。広告がどのように変化したかを次ページにビフォーアフターでまとめてみました。高校生や生活者は、広告をまとめて見るわけではありません。しかし、毎回同じ場所に掲出されるので、このように見えているはずです。

全員が満足する広告はないので好き嫌いはあるかと思いますが、**真面目に学問に向き合っている偏差値の高そうな大学、に見える**ようになったのではないでしょうか。

上から下へ広告をガラリと変えた。学問に立脚した広告でイメージ偏差値の上昇を狙った

ビジネスサイクルの発見がもたらした結果

では、ビジネスサイクルを正の方向に回した結果はどうだったかというと……

目論みが当たり、**2017年3月まで、5年連続で過去最高の受験者数を記録した**のです。

オープンキャンパスの参加者も毎年増加しました。無論これは広告だけの効果ではないでしょう。就職や受験への取組みなど、大阪経済大学に関わるすべての人々の努力の結晶でもあります。その一方で、**広告を変えたタイミングと受験者数が増加したタイミングが一致しているのは決して偶然ではない**とも思います。偏差値で同レベル、あるいは少し上の関西の私立大学の受験者数の推移と比べても、**受験者の増加数は上回っています。**縁もあり、いまも大阪経済大学で広告の授業をしていますが、毎年ほとんどの学生が大阪経済大学の交通広告を入学前に知っていたと答えてくれます。「頭のいい大学という印象」との声も多く、広告戦略は成功

偏差値	大学	学部	
52.5	近畿	経営	商前Ｂ / 会計前Ｂ
	関西学院	人間福祉	社会起業全学 / 社会起業学部個別
	甲南	経営	経営前３ / 経営前２
50	京都産業	経済	経済２科目
		経営	２科目
	京都橘	現代ビジ	経営前期Ｃ
	龍谷	経済	Ａスタンダード / Ａ高得点重視
	大阪経済	経営	経営前期Ａ方式
	近畿	経済	国際経済前Ｂ / 総合経済政策前Ａ 総合経済政策前Ｂ
		経営	経営前Ｂ / 会計前Ａ / キャリア前Ａ キャリア前Ｂ
	甲南	経済	経済前３ / 経済前２
47.5	京都産業	経済	経済３科目
		経営	３科目

2018 年度の入試難易度予想ランキング（私立大学：経営・経済・商学系）。
大阪経済大学経済学部の偏差値は５年前の同ランキングから５ポイントアップ。

を収めているのではないでしょうか。

そして受験者数が増えたことでいろいろな好影響が出ました。ビジネスサイクルを思い出してもらえればわかりますが、何よりも狙っていた**偏差値が上昇しました。**偏差値の数字は進学塾によって微妙に異なりますが、２０１２年に45・０だった大手予備校偏差値は２０１７年２月版ではなんと50・０に上昇しました。それにより、一部の学部は、**関西私大の第二グループである、産近甲龍を偏差値で上回るほどになったのです。**

ビジネスサイクルは正の方向へ自走し始めました。また、受験者数が増えたことで、結果的に女子学生も増加しました。少しずつですが男子学生が多いという世の中のイメージも変わっていくはずです。

① **ビジネスサイクルを発見し、予算がない分的確にポイントを突いてアイデアを考えて正の方向に自走させること。**

② **回りつづけても継続すること。**

この発想法もV字回復を生むアイデアにつながることがわかっていただけたのではないでしょうか。みなさんも、まず**ビジネスサイクルを発見してください**。そして**ポイントを絞ってアイデアを考えてみてもらえば「結果」を出す新しい切り口が生まれます。**

最後に：ネーミング戦略という新たな取り組み

章の冒頭で触れたように、大阪経済大学の事例は、クリエイティブ表現を使ったアイデアでイメージを変えたという意味では広告の原点とも言えるでしょう。生き残りをかけた状況にある私立大学のイメージ偏差値を上げるために、定期的に出稿する交通広告でイメージを変えて

結果を出す。これは、ＷｅｂやＳＮＳの活用とは異なり、表現ひとつで勝負をしてきたクリエイティブの原点とも言えます。ただし、ベースにあるのはビジネスサイクル。ここが「結果」を出すアイデアを生みだすための重要なポイントです。「ひらパー」や森永ジャックとは異なる発想での課題解決方法だと気づいていただけたかと思います。

ではこの事例の最後に、大阪経済大学で実施する予定のＰＲ施策を紹介します。２０１５年に思いつき仕込んでいる、**予算がない中で最大の効果を発揮するアイデア**です。

それは、**新しい「大学カテゴリー名」をつくってしまうこと**。みなさんは「電博」という言葉を聞いたことがあるでしょうか。広告代理店の最大手である電通と、僕が勤める業界2位の博報堂の頭文字をとった呼び名です。いつからそう呼ばれているのかはわかりませんが、かなり流布しています。僕はずっと、このネーミングについて思っていることがありました。それは、「電博」という言葉は、博報堂にとって最強のキャッチコピーではないだろうか、と。

電通と博報堂はどちらも大企業ではありますが、実際、売上げの差はあります。にもかかわらず、2位である博報堂が電通と同等のブランド力を持ち（大学生の就職ランキングではしばしば電通を上回ります）、電通が参加する競合プレゼンにほぼ博報堂も呼ばれるのも、すべては「電博」という呼び名があるからだと思っています。

これと同様の効果を持つのが、大学のカテゴリー名です。この章の最初に紹介した、MARCHとか、関関同立とか、産近甲龍という呼び名のことです。カテゴリー名はブランドになり、受験生がこのカテゴリーの中から受験する大学を決めることもあります。でも、はっきり言えば、この呼び名によって、損をしている大学と得をしている大学があります。同じカテゴリー内の大学でも偏差値には差があります。また、カテゴリー名があることで、いくら偏差値が上がってもそこから抜け出せない大学もあります。一方で、このカテゴリー名があるからこそ実際の偏差値が下がっていても人気を保つことができている大学もあります。つまり、

カテゴリー名はその中で上位の存在が損をして、下位の存在が得をする

のです。大阪経済大学はここ数年で偏差値が上がり、すでに産近甲龍の一部の大学に並ぶか、上回っています。でも、カテゴリー名に入っていないため、受験生から見たらブランドになりきれていません。そこで。僕がＷｅｂを中心に浸透させようと考えているのが新しいカテゴリー名である「産経甲龍」。頭ひとつ抜けた感のある近畿大学にこのカテゴリーから抜けて

もらい、そこに大阪経済大学が入る、という新しいカテゴリー名をつくってしまおうというものです。これをPRとSNSで拡散していきます。

最初は世の中の反発があるはずです。が、ちょっと調べれば実際に偏差値で並んでいることなどすぐにわかるので、やがて定着していくでしょう。このカテゴリー名を話題化させ、定着させることで、お金をかけずに受験者数をさらに増やし偏差値を伸ばしていくことができます。高校生にもっと選ばれるブランドに成長していくはずです。大阪経済大学は、崖っぷちではなく、夢の途中にいるのです。

［公式40］
予算をかけない
アイデア切り口

＊

大学や会社など、
カテゴリー名をつくってしまうことで、
上位の存在と同じ土俵に上がることができる

第6章
公式集

いよいよ最後の章です。ここでは、この本に出てきた公式や大事なことをおさらいしていきたいと思います。章の中では話していないポイントも入れています。アイデアを発想する際に、この章を横に置いてもらい、いろいろ試してみることで、アイデアの数も幅も多くなり、レベルも上がり、「結果」も出すことができるようになるはずです。

■ すべての事例は、同じような課題に対しての解き方の例であり、解き方の公式である

テレビCMでもWeb動画でも、キャンペーンでも、ただ面白い、ただすごい、ではなく、自分なりに深く考える癖をつけてみてください。

どんなアイデアが入っているのか、や、どんな課題を解決しているのか、を考え続けていくと、やがてそれが自分だけの切り口や公式になります。こういう課題にはこういう解き方もある、という例と公式をいくつ自分の中にストックできるかが、アイデアの手法の広さにもなります。

■ センスでも、育ってきた環境でもなく、発想は「意識」ひとつでレベルが上がる。

崖っぷちを逆転するアイデアを考えるポイントも「意識」。

世の中に天才がいることは事実です。しかし、天才が世の中のアイデアすべてを出しているわけではありません。「意識」ひとつで後天的に発想力は伸びます。紹介する「意識」公式を意識することが、すぐに発想力を上達させるひとつの方法です。

■公式1：人は、心に3つのフォルダを持っている

人は何かの商品情報や広告に接した時、その商品やブランドや場所を、次の3つのフォルダに素早く仕分けています。

① 行かない／買わないフォルダ
② 行ってもいい／買ってもいいフォルダ
③ 行きたい／買いたいフォルダ

■心の中にある3つのフォルダの問題点

一度「行かないフォルダ／買わないフォルダ」に入ってしまうと、その企業や商品の広告が、心に届きにくくなってしまいます。

また、「行かない／買わないフォルダ」から「行ってもいい／買ってもいいフォルダ」「行く／買うフォルダ」へのフォルダ移動はなかなか難しく、「行く／買うフォルダ」「行ってもいい／買ってもいいフォルダ」から「行かない／買わないフォルダ」へのフォルダ転落は起こりやすいのです。

■認知率が高い状態とは、人々の心の中で、「行きたい／行ってもいい／行かない」の3つのフォルダ分けが完了している状態

担当商品が、人々の心の中でのフォルダへの振り分けが終わっている状態なのか（認知率が高い）、そうではないのか、を考えることで打つ手が変わります。

振り分けが終わっている状態の場合：「行かない」→「行ってもいい」→「行く」へとフォルダ移動させることを意識します。これは、第三者の口コミや記事（第三者情報）を発生させることで移動させやすくできます。ＰＲを発生させるために新しいファクトを開発しても良いでしょう。

まだ振り分けられていない状態の場合：存在をより多くの人に知らせることを意識してください。その際、フォルダへの振り分けは最初に情報に接した時におこなわれるので、

「一番売りにつながる事実」と共に存在を知らせるのが良いでしょう。

■公式2：人々を行動させるツボ①
地元愛×メジャーな存在で『応援行動』が生まれる

人は自分の地元を愛してくれる人を好きになります。さらに、その人が有名であればあるほど嬉しいという感情が増し、その人や地元（あるいは地元の施設）を応援したくなります。それがやがて、来園行動や購買行動につながります。

また、嬉しさを感じる度合いや、見ていて心が温まる度合い、そして有名人を応援したくなる度合いは、有名人の知名度が高ければ高いほど、そしてその地元が小規模の村や街であればあるほど大きくなる傾向があります。

■公式3：企業の経営や収益構造を考えると、まったく別の強いアイデアが生まれる

①クライアントや自社の収益構造や支出など経営について考えてみる
②これまでの広告が増やしてきた収入とは異なる収入がないかを見つける
③新しい収入増を実現するアイデアを考えていく

クライアント（あるいは自社）の経営や収益構造を一度考えてみましょう。そのうえで、従来の広告が増やしてきた収入（遊園地でいえば入園料）とは異なる他の収益を見つけて、そこで売上増をもたらす方法を考えてみます。すると、与えられた課題以外の切り口や「崖っぷち」からV字回復するビッグアイデアが生まれたりします。

■ 公式4：人々を行動させるツボ②

PR（第三者情報）によって「行ってもいい／買ってもいいフォルダ」や「行きたい／買いたいフォルダ」へ移動させる

地元の遊園地だったり、百貨店だったり、あるいはファッションビルだったり、近所のスーパーだったり、すべての人にとって「存在を知っているけれども行かない場所」があります。それは心の中の「行かないフォルダ」に入ってしまっているからです。しかし、

- **テレビの情報番組で、その場所の特集を見る**
- **友人から「あそこけっこう面白いよ」と聞く**
- **SNSで「あそこは意外と面白かった！」という書き込みをいくつも目にする**
- **いろんなニュースや記事によりその場所に「勢いがある」雰囲気が醸成される**

など、ＰＲ（第三者からの情報）を目にすると「行ってもいいかも」と少しは関心を示すようになります。「行かないフォルダ」から「行ってもいいフォルダ」へは、ＰＲや口コミで動かすことができます。

■人々を行動させるうえでより大切なのは、表現のアイデアより「どう行動させるかのアイデア」

「人々を行動させるアイデアや意図は入っていないが、表現は面白い」という広告は、たとえ話題になってもあまり効果を生まなかったりします。より重要なのは、「どう行動させるか」があるかどうか。その土台がしっかりしていれば、表現のアイデアが普通でも「結果」は出ます。

■公式５：感情が動くとＰＲになりやすい。たとえば発表日と発表内容を掛け合わせるとＰＲ露出は増える

ＰＲ獲得の基本は生活者やメディアの人の何らかの感情を動かすことです。感情が動くようにアイデアを出します。

また、エイプリルフールに嘘をつくのではなく、エイプリルフールに嘘のような本当の話を発表するなど、なにかを発表する時は、発表する日と掛け合わせるとPRが増幅します。

■公式6：人々を行動させるツボ③
行く理由を2つつくると、人は動く

温泉だけでは足を運ばないけれど、温泉の近くにアウトレットがあると「行ってみよう」と思います。また、イベントだけでは行かないけれど、イベントと美味しいご飯があると行きたくなります。行く理由が2つ以上揃うと人々は足を運ぶのです。

■公式7：行く理由を2つつくるための公式
人々がそこへやってくる理由がいくつあるかを数える

クライアントや自社へ、人々が来る理由がいくつあるかを考えます。2つあるならばそれをきちんと伝える。ひとつしかなければ、行く理由をもうひとつ考える。行く理由がひとつもなければ2つ考えてつくってしまえばいいのです。なお、行く理由がいくつあるかは、厳しめに判断したほうがその後の結果につながります。

■公式8：人々を行動させるツボ④
　結果が読めない、筋書きのないドラマやストーリーをつくると、
　人々を巻き込める

「どうせ成功するんでしょ？」と最初から結果が分かる挑戦に人は興味がありません。筋書きのないドラマや挑戦をあえてつくることで、注目が集まり人々を巻き込めます。

■公式9：人々を動かすアイデアの精度を上げる「SNS検索法」

SNSの書き込みをチェックし、生活者が狙い通りの行動をとってくれているかを検証します。狙いと違った場合は自分の感覚を修正していきます。「世の中の感覚と自分の感覚を合致させていく」重要な方法です。

■公式10：世界初、日本初などの「初モノ」はPRになりやすい

メディアは「初」に興味を示すので、「初」のアイデアを考えるとPR露出が増えます。

内容を少し変えることで「初」となるようにすると、予算制約があってもPRを獲得できたりします。また、もしすでに「初」があるのにPRしていないのなら、それをPRするのも手です。

■ 公式11：一番大きな制約だけを課題に加えて発想してみる

新しいアトラクションができれば人は来てくれる。でも予算がない。ならば「予算がからないアトラクションを考えればいい」と発想ができれば、アイデアは生まれやすくなります。たとえば時間が制約ならば、時間のかからない〇〇、を考えればいいのです。ただし、加える制約はひとつだけです。ひとつだけ加えてアイデアを考え、次の制約をクリアするものを探していきます。

■ 公式12：人が歩かない道で普通の発想をすれば、「人と違う発想」になる

少し抽象的ですが「意識づけ」の公式です。「予算がかからないアトラクション」のように、誰も歩かない道を発見できたら、アイデアは普通でも、人と違うアイデアになります。常に意識してみてください。

■ **公式13：具体的なアイデア発想では、まず自由に考える。そして制約をクリアするものを選ぶ。自由に発想してから、制約を加えて取捨選択する**

公式11は制約をひとつだけ課題に加えて発想する公式です。この公式13は、まずは自由にたくさん考えてから、制約をクリアするアイデアを探していく方法です。公式11と13は、自分が得意なほうで発想してもらってもいいですし、両方トライしてもらってもいいでしょう。

■ **公式14：PRネタを一度にまとめて発表すると露出が大きくなる**

複数のネタがあった場合、ひとつずつでPRを狙ってもいいですが、まとめてアピールして露出を大きくする手もあります。個別に何度も露出させるか、まとめて大きな露出を狙うか、は置かれた状況で判断してください。

■ **公式15：人々を行動させるツボ⑤ 日本人には数字が効く。**

意外な人数が行っていると、面白いのかもと思ってもらえる

日本人は数字に弱い民族です。「みんなが行っているなら楽しいのかも」、「みんなが買っているなら買ってもいいのかも」、そのような心理をつくるために、公表しない数字をあえて公表して人々を動かすアイデアも効果的です。

■ 公式16：広告をする最終目的である、「売上げを増やすこと」から逆算すると、起死回生のアイデアが生まれる

広告や企画の最終目的は、売上げを増やすことにあります。最終目的である「売上げを増やす」を満たすための「手段」（ブランドをつくる／認知を高める／親しみやすいイメージをつくるなど）を最終目的と思わないようにしてください。

結果を出すアイデアこそが、「崖っぷち」を逆転するアイデアです。そして結果を出すと信頼され、意見が通りやすくなります。これも制約を少なくするひとつの方法です。売上げを増やすことから逆算して考えていけば、「結果」が出るようになります。

■公式17：発想時は、一般常識や経験から生まれる「心の天井」を外すように意識する。無理だと思わずに挑戦してみる

発想の一番の敵が「心の天井」です。過去の経験や一般常識によっていつのまにかできてしまうので、それを外すように「意識」するだけで、アイデアのレベルはすぐに上がります。

■公式18：アイデアや企画の強さ＝発想力×実現力

アイデアを想像以上に面白いものに仕上げる力を「実現力」と呼びます。ただ、アイデアには高い「実現力」が必須、ということではなく、「実現力」を高めることがアイデアの強さになる、つまりアイデアを強くする2回目のチャンス（1回目は「発想力」）だと考えてもらった方がいいでしょう。「実現力」の高いスタッフを選んだり、人脈が豊富な人をつかまえておくと想像以上のものができたりします。

■公式19：その商品を競合他社が売り出したならば、どういう感想を持つかを考えてみる

担当する商品やサービスなどを必ず一度は自分で使ってみて実力を評価してください。

ただし、愛着が強すぎると商品の評価を見誤るので、客観視公式で冷静に評価をしてください。実力評価がズレてしまうと「結果」を出しにくくなる要因になります。

■公式20：どの商品情報を知った時に、自分の意識が変わったか、を覚えておく

アイデアを考える人は商品情報を知るにつれて、「生活者」から「商品情報初心者」、そして「セールスマン」へと立ち位置が変化します。はじめの「生活者」から「商品情報初心者」へと立ち位置が変化した際、どの情報を知ったときに心が動いたか（「買ってもいい」「行ってもいい」になったか）をメモしておきます。生活者にその情報をその順番で伝えればいい、という戦略ができあがります。

■公式21：理想型から考える企画発想法その①

「買ってもいい／行ってもいいフォルダ」に入るような理想型を自由に考えてみる

「崖っぷち」を逆転するアイデアを発想するための重要な発想法のひとつです。その商品やサービス、ブランドがどのような理想型になれば買うか／行くか／利用するか、を事情

や制約や実現可能性を排除して自由に考えます。正直に、「こうならば自分は買う」という理想型を探してください。

■**公式21：理想型から考える企画発想法その②**
考えた理想型を分解し、買ってもらうためのポイントを抽出する

見つけた理想型から「買ってもらえる／来てくれる／利用する」ための要素を見つけ出す作業です。理想型に入っている重要な要素を分解して抽出することで、何を満たせば「買ってもらえる／来てくれる／利用する」のかを発見できます。そこから、「その要素を満たすアイデア」という課題で発想すると「結果」を出すアイデアが生まれます。

■**公式22：人々を行動させるツボ⑥**
人は、一般常識とは逆の情報に接すると、
その理由を確認したくなる（**確認行動が生まれる**）

『ものすごく面白いのに倒産する遊園地』『ものすごくまずいのにロングセラー』など、人は、一般常識と逆、あるいは異なる情報に接すると、その理由を確認しようとします。

それが確認行動で、購入につながったり、実際に足を運んだりしてくれます。「美味しいのに売れない」という悩みを強みに変えることができます。担当する商品やブランドや企業に一般常識と逆の要素がないかを探したり、一般常識と逆になるようにファクトをつくる方法もあります。

■ 通常は秘密にする情報をあえて外に出すことで驚きができる
ただし、企業の事情を外に出す時は、独りよがりにならないように意識をする

企業の情報や内部事情など、通常外に出さない情報をあえて外に出すと驚きになります。ジャストアイデアですが、社内恋愛しているふたりがゴールインできるかなどもあえて外に出してしまうときっと驚きになるはずです。ただし、企業の事情は本来生活者にとっては関係のないこと。内輪ウケや独りよがりにならないようなコピーや表現を心がけてください。

■ 公式23：Webでのアイデア発想法①
「MAD」「エクストリーム」「パロディ」などWeb話法に沿って企画をする

本来、プライベートメディアのＷｅｂと広告の相性はよくありません。そんな広告に耳を貸してもらうためには、Ｗｅｂ独自の話法に包んでアイデアを考えるのもひとつです。

■公式24：Ｗｅｂでのアイデア発想法②
タブーや制約、事情を外して企画する

Ｗｅｂでは、企業の事情やタブーは考慮してもらえません。あえてタブーや事情やルールを外して考える発想法が効果を出します。これは公式17：「心の天井」を外すように「意識」する。と似た考えですが、Ｗｅｂでのアイデア発想でも同様の発想法をしてみてください。

■公式25：Ｗｅｂでのアイデア発想法③
見てもらうために、拡散されるために、見た人の感情を早めに動かすようにする

Ｗｅｂ広告では、心の動かない時間を待ってくれません。びっくり、面白そう、不思議、怖い、など早い時間で何かしらの感情を動かすと、見てもらえるようになり、拡散も

しやすくなります。

■どの感情を動かすかを決めて、その感情を徹底的に刺激する

泣かせるなら徹底的に。笑わせるなら徹底的に。Ｗｅｂのアイデアでも、どの感情を動かすかを決めたら徹底的にその感情を刺激するアイデアにすると結果が出ます。また、この感情を徹底的に動かす企画法はＷｅｂ以外でも効果を出します。

■公式26：人々を行動させるツボ⑦

「かわいそう」×「頑張る」何度負けても立ち上がる姿を、人は応援する

弱小だけど頑張る高校野球のチームをつい応援してしまうように、「かわいそう」×「頑張る」という2つの感情を組み合わせると、応援行動が生まれます。公式2：地元愛×メジャーな存在、とはまた別の応援行動ですが、どちらも人々を巻き込むことができ、お菓子であれば応援するために購入する、といった購買行動にもつなげられます。

■公式27：Ｗｅｂ広告の構造を決定するポイント

生活者に伝えなくてはいけない「情報量」でWeb広告の構造を判断する

生活者にこれが伝われば「買ってもらえる／来てもらえる／利用してもらえる」という情報があります（これを抽出する公式が公式20：どの商品情報を知った時に、自分の意識がどう変わったか、を覚えておく。や公式21：理想型を見つけて何を満たせば「買ってもらえる／来てくれる／利用する」のかというポイントを見つけ出す、です）。その情報量がどれくらい多いかで、Webキャンペーンの構造を決めると失敗がなくなります。

■公式28：Web広告のポイント

何をつくるか、は重要。でも、それをどう知らせるかも重要。知ってもらわないと「結果」が出ない

膨大な量の動画やサイトがあるWebでは、たとえ良いアイデアでも普通は気づいてもらえません。良いアイデアは必ず拡散するわけではないのです。何をつくるかも重要ですが、つくったものをどう知らせるかの設計も「結果」を出すために重要になります。

■TV・新聞・WebでのPR効果や特徴を知る

TVと新聞とWebでは、それぞれPR記事の露出の獲得法や露出の仕方、その効果が異なります。それを認識したうえで、どのメディアでのPRを狙うかを最初に設計します。それに合わせてアイデアや表現を変えると効果が増します。

■公式29：WebでのPR拡散のための三ヵ条

①WebのPR記事はタイトルが重要
②記事タイトルはサイト側に任せる
③自分たちで記事タイトルをつける場合はあえて過激な単語を入れる

Webではタブーや事情は関係ない、ということは説明しました。だからこそ、Web話法に乗っ取ったタイトルをつけないと、中身まで見てもらえません。クライアントのことを考えすぎて美辞麗句を並べることが逆に「結果」を減少させてしまうのです。

■公式30：PRの露出量や効果を増幅させる

予算に制約があるときは、アイデアをあえて過激にして「ネタサイト」での露出を狙う。そこから「PRエスカレーター」に乗せる

面白いネタやＳＮＳの話題をまっ先にニュースにする「ネタサイト」。面白かったり、尖っていないとダメですが、そこに取りあげてもらうことで、「ネタサイト」をチェックしている「大手サイト」へと転載され、そこからＴＶや新聞のＰＲへとＰＲをエスカレートさせていくことができます。

■公式31：空気感をつくるための戦略ＰＲ

ポジティブな情報を何度も発信し接触させることで、「なんとなくカッコいい」「なんとなく先進的」などの空気感が醸成できる

特にＳＮＳは、同世代や同じ趣味嗜好をもつ人々と横でつながるため「なんとなく〇〇」という「空気感」をつくり出すことができます。目指すブランドイメージを決め、その空気感をつくり出すためのアイデアやＰＲを何度も発信すると、やがて「なんとなく先進的」「なんとなくカッコいい」「なんとなく自由な会社」といったブランドイメージを醸成することができます。ただし、一度の発信ではなかなか変わりません。公式14のようにＰＲをまとめるかバラバラに複数回出すかの判断材料にもしてください。

■ 公式32：予算の制約がある場合のPR獲得法
PR記事での情報接触人数を優先し、実現しやすい場所で実現する

予算の制約がある場合、実施にコストがかかる場所ではなく、コストが少なくてすむ地方で実施してPRで情報を拡散する方法があります。この、予算がないなら地方で実現する、というのは公式18アイデアや企画の強さ＝「発想力」×「実現力」で説明した「実現力」のひとつの例でもあります。

■ 公式33：口コミの正の循環をつくる情報設計
良い感想を発生させ、見た人が購入して感想を書き込み、見た人がまた購入し……と口コミの正の循環をまわす

本当に美味しければ、「美味しい」という感想がSNSに書き込まれます。このような第三者の感想は他者の購入への大きな後押しになります。このような口コミ循環を意図的に発生させることで、予算や時間の制約のもと、売上げを増やすことができます。

■ 公式34：口コミを正の循環に回すコツ

商品やサービスの実力を客観的に見極めて、事前期待値を実力より高めないようにする

公式33の「SNSでの口コミ循環」は、負の方向に回ってしまうこともあります。「美味しくない」↓「じゃあ買うのをやめよう」↓「美味しくないらしい」↓となると他者の購入をストップさせてしまいます。正の循環と負の循環を分けるポイントは「事前の期待値を実際の実力よりも高くしすぎてしまっていないか」です。実際は60点程度なのに煽りすぎて80点を期待させたら口コミは負に回ります。客観評価が60点ならばあえて味に言及しないのも手です。実力の判断は公式19の客観視公式をつかってください。

■公式35：予算がない時に露出を稼ぐ方法
「驚き」をつくるコラボレーションで予算を抑える

コラボレーションは、予算がない時のひとつの方法です。PRで話題にすることを意識して、意外な企業同士やコンセプトが同じ異業種でコラボして、「驚き」をつくるとPR露出につながりやすくなります。

■公式36：制約を減らすための公式

いろいろな意見を叶えなくてはいけない、という典型的な制約は、広告をする最終目的を共有することで減らすことができる

現場からも上司からも、各部署からも意見が多く出て、それを全て叶えるアイデアが要求されることはよくあります。そんなときは、広告の最終目的を全員で共有するといくつかの意見を減らすことができます。

■公式37：広告の最終目的がわかりにくい時に使う公式

得意先（あるいは自社）のビジネス構造（何で儲けていて、何が収益の柱か）を考えてみる

学校法人の広告など、何を最終目的にしているのかがわかりにくい場合があります。最終目的が見えないと、何を満たせばいいのかが漠然としてしまい、「結果」が残りにくくなります。あるいはいろいろな意見が出てまとまりにくくなり、制約が生まれてしまいます。そんな時はビジネス構造を考えてみてください。公式3：経営を考えると、新しいアイデアが生まれる、と同じ考えですが、こちらは広告やアイデアの最終目的をはっきりさ

せるためのアプローチです。広告で売上げを増やすことができるポイントを見つけ、それを最終目的とすればよいのです。

■公式38：アイデアひとつで「結果」を出すために
得意先や商品のビジネスサイクル（循環図）を見つける

予算や人手に制約がある場合にも、そうでない場合にも使える公式です。Aが改善されるとBが改善し、Bが改善するとCが改善し、またAが改善する、と因果関係で循環する企業・商品のビジネスサイクルを見つけてください。

■ビジネスサイクルができると、正の方向に自走させていくポイントがわかる

公式38で見つけたビジネスサイクルが発見できると、正の方向に自走させる効率的なポイントが視覚化できます。すべての要素を改善するのは予算も体力も時間もかかります。ビジネスサイクルのどれか1~2点を解決・改善すれば、やがてサイクルが回りだします。予算や人手をかけずに効率的に結果を出すことができるのです。

■公式39：商品やサービスやブランドの負の方向への自走をとめる
ビジネスサイクルの1～2点に絞って改善すると、
負の回転が止まり、やがて正の方向に回りだす

「崖っぷち」にある企業や右肩下がりの商品は、必ずビジネスサイクルが負の方向に自走していいます。その負のサイクルをとめるために、すべての要素を躍起になって改善する必要はありません。どれかひとつか2つに絞って改善すれば、負の回転が止まり、やがて正の方向に自走します。正の方向に自走するまでの時間は、業態や状況によって異なります。が、すべてを改善しようとすると逆に悪化することもあります。

■公式40：予算をかけないアイデア切り口
大学や会社など、カテゴリー名をつくってしまうことで、
上位の存在と同じ土俵に上がることができる

MARCH、関関同立、○○御三家、など日本ではカテゴリー名がブランドになりがちです。そしてそのカテゴリー名では下位の存在が得をしています。そこで新しいカテゴリー名をつくってしまうことで上位と同じ土俵に乗り、かつ選ばれるブランド力を得るこ

とができます。カテゴリー名はＰＲなどで拡散します。

以上、簡単にこの本で紹介した公式などの重要なポイントをまとめてみました。課題に対する切り口の幅を出すために使ってみてください。また、本の冒頭で伝えたように、いま応用できそうな公式だけを取り入れるようにしてください。

おわりに

本書はいかがだったでしょうか。長文、雑文、わかりにくい文章で本当に申し訳ありません。また、「すべて僕の計算通りです、どうですかすごいでしょう！」という嫌な印象を与えてしまったかもしれず、申し訳ありません。わかりやすくするために書きませんでしたが、失敗したアイデアはいくつもあります。やはり失敗なき成功はないのです。

正直言えば、「僕ごときが本を書いていいのだろうか」と今でも思っています。しかし本書が、アイデアや発想力に悩む方、崖っぷちの状況や右肩下がりの売れ行きに悩んでいるすべての方の役に、何かひとつでも立つことができたら、著者としてこのうえなく幸せです。**予算がなくても、時間がなくても、人手が足りなくても、逆境は「アイデア」に変えられます。『崖っぷち』を逆転させる「最強アイデア」は必ず出てきます。**逆境こそ最強のアイデアを生むチャンスなので、どうか諦めないでください。そして公式も使ってみてください。

この本を出版していただいた宣伝会議のみなさま、そして本書で紹介した事例を一緒につくりあげてくれた営業、チームスタッフ、上司、「ひらパー」の先輩と後輩クリエイター、ジャニーズ事務所の方々、協力会社の方々、イラストを書いてくれた橋本AD、図をつくってくれた横尾AD、装丁をしてくれた寄藤文平さん、帯のコメントを頂いた小山薫堂さん、すべての人に感謝します。そして、頼りない僕を信じ、叱り、いろいろな提案から正しいアイデアをチョイスしつづけてくれたひらかたパークの方々、森永製菓の方々、大阪経済大学の方々に深く感謝します。すべて僕がやったかのように書いていますが、違います。すべての人がひとかけらずつ持ち寄って、本書の事例ができているのです。

あらためて、本書を手にとってくれたすべての人に深く感謝します。普段の幸せな仕事と同じように、不器用ながらも一生懸命書きました。文字の多さは想いの熱さだととらえていただき、ご容赦いただけると嬉しい限りです。ここが理解できない、ここがわかりにくい、これは違う、などの叱咤やご意見ご感想があれば遠慮なくください。貴重な糧としていきます。

最後に。僕に本を書くように勧め、病床で原稿に赤入れをしてくれて、刊行前にこの世を去った、誰よりも尊敬する父にこの本を捧げます。

本がでたよ、親父。

河西智彦

（かわにし・ともひこ）

1976年東京生まれ。一橋大学卒業後、（株）博報堂に入社。
クリエイティブディレクター、コピーライター、
CMプランナー、コミュニケーションプランナー。

主な仕事に、関西の遊園地ひらかたパーク「ひらパー兄さんシリーズ」、
北九州の遊園地スペースワールド閉園CM「なくなるヨ！全員集合」、
アウディジャパン「日本初3.2秒CM」、トヨタ自動車、森永製菓「ハイチュウ」、
進研ゼミ、剣と魔法のログレス「吉田部長シリーズ」、
味の素「鍋ドン。」、琉球放送「歩くーぽん」、岩手日報「IWATTE」
「3月11日広告：最後だとわかっていたなら」など。
売上げ増とクリエイティビティの両立にこだわり、
大手企業だけなく地域でも数々の話題作を手がける。

カンヌライオンズ金賞、スパイクスアジア金賞多数、
グッドデザイン大賞、東京コピーライターズクラブ会員、
大阪コピーライターズクラブグランプリ、
名古屋コピーライターズクラブグランプリ、ACC金賞など。
宣伝会議コピーライター養成講座講師。大阪経済大学非常勤講師。
宣伝会議賞や各広告賞の審査員だけでなく、
各地で地方創生講演などもおこなう。

宣伝会議の書籍

なぜ「戦略」で差がつくのか。
戦略思考でマーケティングは強くなる

音部大輔 著

P&G、ユニリーバ、資生堂などでマーケティング部門を指揮・育成してきた著者が、無意味に多用されがちな「戦略」という言葉を定義づけ、実践的な〈思考の道具〉として使えるようまとめた一冊。

宣伝担当者バイブル

玉井博久 著

広告主はどのような姿勢で広告を生み出していけばよいのか。広告会社と広告主、両者を経験した著者が広告をリードする広告主になるための姿勢と方法を徹底解説。すべての広告主の必読書。

その企画、もっと面白くできますよ。

中尾孝年 著

ビジネスにおける「面白い」とは何か。数々の大ヒットキャンペーンを手掛けた著者が、「心のツボ」を刺激する企画のつくり方を「面白い」をキーワードに解説。「人」と「世の中」を動かす企画を作りたいすべての人に。

宣伝会議マーケティング選書

デジタルで変わる マーケティング基礎

宣伝会議編集部 編

この1冊でマーケティングの基礎と最先端がわかる！ デジタルテクノロジーが浸透した社会において、伝統的なマーケティングの解釈はどのように変わるのか。いまの時代に合わせて再編したマーケティングの新しい教科書。

デジタルで変わる 宣伝広告の基礎

宣伝会議編集部 編

この1冊で宣伝広告の基礎と最先端がわかる！ 情報があふれ生活者側にその選択権が移った今、真の顧客視点発想が求められている。コミュニケーション手法も多様になった現代における宣伝広告の基礎をまとめた書籍です。

デジタルで変わる セールスプロモーション基礎

販促会議編集部 編

この1冊でセールスプロモーションの基礎と最先端がわかる！ 生活者の購買導線が可視化され、データ化される時代、売りの現場に必要な知識と情報を体系化。新しい時代のセールスプロモーションの教科書。

逆境を「アイデア」に変える企画術
〜崖っぷちからV字回復するための40の公式〜

2017年9月29日　初版第一刷発行

著者　河西智彦

発行者　東英弥
発行所　株式会社宣伝会議
〒107-8550
東京都港区南青山3-11-13
TEL. 03-3475-7670（販売）
TEL. 03-3475-3030（代表）
URL. www.sendenkaigi.com

装丁　寄藤文平＋吉田考宏（文平銀座）
印刷・製本　株式会社暁印刷

ISBN 978-4883354030 C2063